资源枯竭型城市
可持续发展法治研究

唐启迪 著

ZIYUAN KUJIEXING CHENGSHI
KE CHIXU FAZHAN FAZHI YANJIU

法律出版社
LAW PRESS·CHINA

序

我国有很多城市以开采、加工森林、矿产等自然资源为主要产业,他们多数依托资源而发展,也随着资源枯竭而衰落,他们被认为是资源枯竭型城市。他们曾经为国家建设做出过巨大贡献,当前也面临重大的现实问题。资源枯竭型城市在发展过程中,由于缺乏较好的规划设计,随着资源不断衰减,产生了产业发展停滞、经济结构失衡、生态破坏和环境污染严重、失业和贫困人口激增等诸多问题。这些问题除了直接影响到城市产业经济的发展、转型、升级,也威胁到与公众息息相关的生态环境质量和生命健康安全,并作为触发点进一步引发社会的利益分配矛盾和维稳压力,因此资源枯竭型城市的可持续发展是当前我国在推进生态文明建设,构建"五位一体"全面小康社会的新时代主旋律下面临的重大议题。

资源枯竭型城市的发展过程也是人们的环境保护意识不断提升的过程,更是我国环境保护法治体系不断完善的过程,资源枯竭型城市的可持续发展也纳入了我国环境保护法治的视野。2007 年国务院发布了《关于促进资源型城市可持续发展的若干意见》,2013 年国务院印发了《全国资源型城市可持续发展规划(2013 ~ 2020 年)的通知》,为资源枯竭型城市的可持续发展提供了政策引导,但现实的推进速度仍然较为缓慢,可持续发展从理念到行动、从形式到内容、从总规划到具体措施都有待于深入的探讨和研究。

《资源枯竭型城市可持续发展法治研究》一书正是循着此思路展开而撰写的一部法学著述。作者一方面从基础理论层面系统研究了资源枯竭型城市可持续发展法治的理论意涵与基本特征、范式嬗变与基本逻辑、关键环节与制度构成。作者认为资源枯竭型城市可持续发展法治以城市转型与可持续发展为法治目的,以特定空间区域整体为调整对象,以产业转型、生态修复、社会治理、司法保障等为主要内容,以政府管制与公众参与互动为治理手段,并覆盖了准入与开发、拓展与扶持、转型与退出全过程。另一方面作者从制度建构层面,对资源枯竭型城市可持续发展法治的现状及实效进行分析,探究其存在的问题及原因并在借鉴域外经验的基础上,提出具备本土适应性的法治建议和设计方案。作者通过以国务院两个重要文件为政策基础,选取湖南省 3 个县级资源枯竭型城市为样本分析认为现有法治存在结构和制度双重缺陷。作者分析双重缺陷的产生是因为资源枯竭型城市可持续发展先行经验不足、司法保障不完善,资源枯竭型城市可持续发展法治具有综合性,背后关涉复杂的利益博弈。故而,资源枯竭型城市可持续发展立法应当从立法模式和具体的法律制度设计两个方面进行完善,国家应专门针对资源枯竭型城市可持续发展展开行政法规立法,并且与地方立法、其他相关立法相结合形成多层次的综合性的法治体系。另外,在立法完善的同时还应充分发挥环境司法对于资源枯竭型城市的保障作用,形成在资源枯竭型城市可持续发展过程中行政与司法手段的双轮驱动。

本书的研究内容属于学科前沿理论问题,在很多方面体现了作者严谨的治学态度和创新的思维方式。一是在研究层次上,作者从“资源枯竭型城市”“资源枯竭型城市可持续发展”“资源枯竭型城市可持续发展法治”三个概念的阐释入手,对资源枯竭型城市可持续发展法治的理论意涵、基本特征、范式嬗变与基本逻辑等基础原理进行研究,深化了已有研究的理论纵深并推动理论研究的系统化。二是在研究路径上,作者通过借鉴、吸收德国、日本、美国等域外经验并立足于“本土化”提出一系列的法治完善建议和方案,既具有前瞻性,又具有现实性。三是在研究方法上,作者选取湖南省3个县级资源枯竭型城市为样本,通过开展实地调研、走访,梳理、分析的实证研究,使研究成果更具有可靠性。

作者唐启迪是湘潭大学法学院毕业的博士,师从谢勇教授。因为从事环境法研究的关系,笔者也全程参与了他的博士论文选题、开题和答辩工作。在博士攻读阶段,他浓厚的学术兴趣、扎实的学习功底和勤奋刻苦的钻研精神,给我留下了深刻的印象。本书是在其博士论文基础上修改完成的。作者不满足于我国环境法学、诉讼法学等基础理论研究的现状,本着学术批判的精神、秉承学术理性分析,以细腻的文风表达了我国资源枯竭型城市的可持续发展法治现实和发展需求,充满着作者的人文关怀与社会责任。当然,作为一本资源枯竭型城市可持续发展法治领域的尝试之作,书中内容并非无懈可击,有些观点不一定正确,有一些主张可能有失偏颇。然而,瑕不掩瑜,对于作者的学术勇气和勤勉以及作品中的学术探索和理论创新，作为他的老师，我是欣慰的。我相信，本书的出版必将有力地促进我国资源枯竭型城市法治研究，拓展我国相关领域的研究。真心希望作者不忘初心，结合法治实践，在学术道路上创新进取不断，研究成果不断。

二〇一八岁末于湘大

目录

1. 绪论/1
1.1 研究背景与意义/1
1.2 国内外研究现状/7
1.2.1 国外研究现状/7
1.2.2 国内研究现状/14
1.3 研究结构与方法/19

2. 资源枯竭型城市可持续发展法治概述/23
2.1 资源枯竭型城市可持续发展法治的理论意涵 /24
2.1.1 资源枯竭型城市的定义/24
2.1.2 资源枯竭型城市可持续发展的理念诠释/29
2.1.3 资源枯竭型城市可持续发展法治的内涵特征/32
2.2 资源枯竭型城市可持续发展法治的现实意义/37

2.2.1 资源枯竭型城市可持续发展的需要/37
2.2.2 资源枯竭型城市治理策略转换的需要/46
2.3 资源枯竭型城市可持续发展法治的制度价值/50
2.3.1 秩序价值/51
2.3.2 正义价值/52
2.3.3 永续发展价值/53

3. 资源枯竭型城市可持续发展法治的现状及实效/55
3.1 资源枯竭型城市可持续发展法治现状/56
3.1.1 有序开发综合利用资源方面的法治/56
3.1.2 构建多元化产业体系方面的法治/60
3.1.3 切实保障和改善民生方面的法治/62
3.1.4 加强环境治理和生态保护方面的法治/64
3.1.5 财政转移支付与征收资源税费方面的法治/66
3.2 资源枯竭型城市可持续发展法治的运行实效:以湖南省为样本/68
3.2.1 湖南省资源枯竭型城市的基本情况及相关政策法规/68
3.2.2 法治在湖南省实施取得的成效/76

3.2.3　法治在湖南省实施存在的问题/89
3.2.4　法治在湖南省实施对全国的标本意义/100

4.资源枯竭型城市可持续发展法治存在的问题及原因/102
4.1　资源枯竭型城市可持续发展法治存在的问题/103
4.1.1　资源枯竭型城市可持续发展法治结构性问题/103
4.1.2　资源枯竭型城市可持续发展法治的具体制度问题/110
4.1.3　资源枯竭型城市可持续发展在司法保障方面存在的问题/118
4.2　资源枯竭型城市可持续发展法治存在问题的原因/122
4.2.1　资源枯竭型城市可持续发展先行经验不足/122
4.2.2　资源枯竭型城市可持续发展法治具有综合性/124
4.2.3　资源枯竭型城市可持续发展法治背后关涉复杂利益博弈/125

5.资源枯竭型城市可持续发展法治的域外镜鉴/127
5.1　资源枯竭型城市可持续发展法治的域外实践/128
5.1.1　德国/128
5.1.2　日本/131

5.1.3　美国/135
5.2　资源枯竭型城市可持续发展法治的经验启示/137
5.2.1　资源枯竭型城市可持续发展需要形成多层次的法治体系/138
5.2.2　资源枯竭型城市可持续发展需要融合政策与法治工具/139
5.2.3　资源枯竭型城市可持续发展需要区域与产业法治相协调/140
5.2.4　资源枯竭型城市可持续发展法治需要规范、援助、转型相结合/141

6. 我国资源枯竭型城市可持续发展立法的完善/143
6.1　我国资源枯竭型城市可持续发展立法的基本思路/144
6.1.1　应专门针对资源枯竭型城市可持续发展展开立法/144
6.1.2　专门立法的形式应当是行政法规/148
6.1.3　应与相关法律法规相协调/150
6.1.4　应与地方立法结合形成多层次的立法体系/151
6.2　国家层面相关立法的构建与完善/152
6.2.1　国家层面立法的原则与框架/152
6.2.2　国家相关立法的完善/156
6.3　湖南省专门立法的探索/164
6.3.1　湖南省专门立法的必要性/164
6.3.2　章节安排的内在逻辑/165

6.3.3 《湖南省资源枯竭型城市可持续发展条例》的框架结构/166

7. 我国资源枯竭型城市可持续发展司法保障的完善/170

7.1 树立可持续发展的环境司法理念/170

7.1.1 以可持续发展为基本理念/171

7.1.2 确立预防与恢复性司法理念/171

7.1.3 树立公益性司法理念/171

7.2 加强环境司法能力建设/172

7.2.1 畅通司法救济渠道/172

7.2.2 实现环境司法专门化/172

7.2.3 构建环境诉讼基金/173

7.3 完善相关诉讼制度/174

7.3.1 改进行为保全制度/174

7.3.2 改进财产保全制度/174

7.3.3 改进先予执行制度/175

7.3.4 改进环境公益诉讼制度/175

7.4 强化环境刑事司法适用/177

7.4.1 环境犯罪规定的完善/177

7.4.2 对环境犯罪财产刑和非刑罚手段的完善/178

7.4.3 刑罚适用原则的改进/179

附录 《湖南省资源枯竭型城市可持续发展条例》立法建议稿/180

参考文献/192

致谢/202

1. 绪 论

1.1 研究背景与意义

改革开放以来的 30 多年间，中国经济社会的转型与跃迁创造了为世人所盛赞的“中国奇迹”。在制度创新、技术发展与生产力水平提升等诸多因素交义作用之卜，依托自身的比较优势、开放形成的市场活力，中国不仅成就了年均 8% 左右的经济增长，也逐步实现了工业现代化和人们生活水平的提升。然而，这些成就并非无须代价便可以轻易取得，在中国发展创造的种种“奇迹”背后常常是一系列严重的社会问题，值得人们驻足反思。

在这些错综复杂的社会问题中，因为不合理的资源开发利用行为导致的环境污染与生态破坏事件时有发生，例如，浙江“东阳画水镇化工污染”(2005 年)、湖南“浏阳湘和化工厂镉污染事件”(2009 年)、湖南“武冈铅污染事件”(2009

年)、“紫金矿业污染事件”(2010 年)、陕西“凤翔血铅超标事件”(2009 年)、广东“镉超标大米事件”(2013 年)等。除了这些局部典型事件,特定空间区域整体——城市的社会问题也逐渐显露,特别是那些依赖资源经济利用、以资源开发为主导产业的资源型城市,其面临的产业、生态、社会保障等问题尤其突出。

数据显示,截至 2015 年 4 月,我国地级城市共计 334 个,而其中地级资源型城市就有 126 个①,约占全国城市数量的 38%。

表 1　资源型城市在全国的分布情况②

省一级	地市级	县级市	县一级
河北省	邯郸市、邢台市、承德市、张家口市、唐山市、	任丘市、鹿泉市	曲阳县、涞源县、青龙满族自治县、易县
山西省	吕梁市、大同市、晋中市、朔州市、临汾市、阳泉市、晋城市、长治市、运城市、忻州市	孝义市、霍州市、古交市	
内蒙古自治区	鄂尔多斯市、包头市、呼伦贝尔市、赤峰市、乌海市	锡林浩特市、阿尔山市、霍林郭勒市	
辽宁省	葫芦岛市、阜新市、盘锦市、抚顺市、鞍山市、本溪市	北票市、大石桥市、凤城市、调兵山市	义县、宽甸县

① 国务院办公厅:《国务院关于印发全国资源型城市可持续发展规划(2013～2020 年)的通知》,载中国政府网文献库:载 http://www.gov.cn/zwgk/2013-12/03/content_2540070.htm,最后访问日期:2015 年 4 月 18 日。

② 资料来源于《国务院关于印发全国资源型城市可持续发展规划(2013～2020 年)的通知》。

续表

省一级	地市级	县级市	县一级
吉林省	延边州、松原市、白山市、吉林市、通化市、辽源市	敦化市、舒兰市、九台市	汪清县
黑龙江省	双鸭山市、大兴安岭地区、黑河市、牡丹江市、大庆市、鸡西市、伊春市、七台河市、鹤岗市	五大连池市、尚志市	
江苏省	宿迁市、徐州市		
浙江省	湖州市		青田县、武义县
安徽省	宣城市、宿州市、池州市、淮北市、铜陵市、亳州市、淮南市、马鞍山市、滁州市	巢湖市	颍上县
福建省	龙岩市、三明市、南平市	龙海市	东山县、平潭县
江西省	宜春市、景德镇市、赣州市、萍乡市、新余市	德兴市、贵溪市、瑞昌市	万年县、大余县、星子县
山东省	莱芜市、东营市、泰安市、淄博市、济宁市、枣庄市、临沂市	新泰市、龙口市、平度市、招远市、莱州市	昌乐县
河南省	南阳市、三门峡市、平顶山市、洛阳、濮阳市、鹤壁市、焦作市	禹州市、登封市、永城市、新密市、灵宝市、荥阳市、巩义市	安阳县
湖北省	黄石市、鄂州市	潜江市、钟祥市、宜都市、应城市、松滋市、大冶市	神农架林区、保康县

续表

省一级	地市级	县级市	县一级
湖南省	娄底市、衡阳市、邵阳市、郴州市、	涟源市、浏阳市、冷水江市、临湘市、资兴市、耒阳市、常宁市	花垣县、桃江县、宁乡县
广东省	云浮市、韶关市	高要市	连平县
广西壮族自治区	贺州市、河池市、百色市	合山市、岑溪市	象州县、隆安县、藤县、龙胜自治县
海南省		东方市	乐东县、昌江县、陵水县、琼中县
重庆市			秀山县、铜梁县、奉节县、垫江县、荣昌县、云阳县、城口县
四川省	凉山自治州、攀枝花市、广元市、泸州市、阿坝藏族自治州、南充市、雅安市、自贡市、广安市、达州市	华蓥市、绵竹市	兴文县
贵州省	黔西南自治州、六盘水市、黔南自治州、毕节市、安顺市	清镇市	松桃县、开阳县、遵义县、修文县
云南省	楚雄州、曲靖市、临沧市、保山市、普洱市、丽江市、昭通市	开远市、个旧市、安宁市	马关县、晋宁县、香格里拉县、兰坪自治县、易门县、新平自治县
西藏自治区			曲松县
陕西省	榆林市、延安市、宝鸡市、铜川市、咸阳市、渭南市		洛南县、略阳县、潼关县

续表

省一级	地市级	县级市	县一级
甘肃省	陇南市、金昌市、平凉市、白银市、庆阳市、张掖市、武威市	玉门市	玛曲县
青海省	海西自治州		大通自治县
宁夏回族自治区	石嘴山市	灵武市	中宁县
新疆维吾尔自治区	巴音郭楞蒙古自治州、阿勒泰地区、克拉玛依市	阜康市、和田市、哈密市	鄯善县、拜城县

在资源枯竭型城市发展过程中，由于缺乏较好的规划设计以及资源不断衰减因素的影响，导致积累了诸如产业发展停滞、经济结构失衡、生态破坏和环境污染严重、失业和贫困人口激增等许多问题和矛盾。这些问题除了直接影响城市产业经济的发展、转型、升级，也威胁到与公众息息相关的生态环境质量和生命健康安全，并作为触发点进一步引发社会的利益分配矛盾和维稳压力。在此情形下，审视与反思与之密切相关的资源枯竭型城市可持续发展的法治就显得尤为必要。

第一，就资源枯竭型城市社会问题发生的面向而言，资源枯竭型城市社会问题的发生是内生因素还是外生因素造成的？资源枯竭型城市发展是否必然导致诸如，生态、环保、就业等社会问题的蔓延？政府为此采取了哪些规制措施？其隐含的规制盲点为何？如何从制度层面予以改进，以预防类似问题的再次发生？

第二，就资源枯竭型城市社会问题整治的面向而言，目前，我国资源枯竭型城市所面临的社会问题严重程度如何？谁承受了生态破坏与资源枯竭的恶果？这些问题发生的制度根源何在？针对这些问题，能够使用的政策资源与制度措施有哪些？如何通过法治手段规范资源枯竭型城市发展过程中的利益相关方行为？城市转型、产业升级如何依法依规进行扶助？各种社会问题的法律责任如何分配？

第三，就资源枯竭型城市可持续发展的面向而言，资源枯竭型城市可持续发展的具体目标是什么？法治所规定的措施与手段有哪些？如何通过制度规制方式实现资源枯竭型城市的可持续发展，推动新兴产业的培育、技术创新？如何用制度保障城市可持续过程中，利益相关方的合法权益？如何在制度层面保障资源枯竭型城市的经济可持续、环境治理与社会发展？

就理论层面而言，对这些问题的反思与回答，将有助于进一步深化城市可持续发展的相关理论体系。法治构建是实现资源枯竭型城市可持续发展、生态恢复与社会保障的前提和基础，亦是实现城市可持续发展的规范基础。通过深入研究揭示资源枯竭型城市可持续发展法治的理论意涵，运用法学、经济学、环境学、管理学、伦理学、社会学等相关学科理论，科学架构资源枯竭型城市可持续发展法治的基本理论框架，并通过对制度实践探索的经验总结，构建一套系统规范符合我国实际的制度框架与组织体系。这对于推动我国资源枯竭型城市可持续发展理论的研究，促进生态文明建设理论的升华，提高保障城市经济社会稳定发展的资源持续供给能力，具有重大的理论价值。

就实践层面而言，对这些问题的反思与回答，将有助于建立健全促进资源枯竭型城市可持续发展的长效机制。在现代法治理念下，无论是城市管理机构的设置还是治理权力的分配与行使，都必须具有法律依据。而法律具备其特有的规范性、强制性特征，因此，可以发挥其他规制手段所不具备的功效，成为城市治理、保护生态环境的有力武器。通过制定符合我国实际的资源枯竭型城市可持续发展法治，可以促进资源枯竭型城市可持续发展，推动地区间的收入分配公平，推动新型工业化发展，促进“创新、绿色、发展、开放、共享”五大发展理念融入城市可持续发展过程中,促进社会和谐进步,构建两型社会。

总之,资源枯竭型城市可持续发展问题已成为值得进一步从制度层面加以审视的课题。对于处在经济社会发展"新常态"下的中国而言,理性审视现有法治的制定、运行情况,适时将资源枯竭型城市可持续发展纳入制度化的轨道将有助于推动城市经济社会的可持续发展。所以,研究将资源枯竭型城市可持续发展法治作为探讨的主轴,尝试梳理归纳国内外相关法治经验,并选取湖南省作为样本进行实证分析,以期对未来国家和地方资源枯竭型城市可持续发展法治提供智力支持。

1.2　国内外研究现状

资源枯竭型城市治理起始于 20 世纪 30 年代初著名学者英尼斯的开创性研究。之后,随着各国资源枯竭型城市问题的爆发,如德国鲁尔、美国休斯顿、日本北九州等,资源枯竭型城市治理逐渐映入公众视野,并由单纯的城市问题发展为具有广泛性、综合性、普遍性,并有重大影响的社会议题。围绕着资源枯竭型城市转型发展与治理政策法规的建构、完善,国内外学者从理论和实践层面进行了建设性研究。

1.2.1　国外研究现状

国外对资源枯竭型城市治理问题的研究已经经历了一段较长时间。除了英尼斯 20 世纪 30 年代的开创性贡献以外,鲁宾逊(I. M.

Robinson)(1962 年)①、赛门斯(L. B. Siemens)②(20 世纪 70 年代中期)、卢卡斯(R. A. Lucas)(1971 年)③、Bradbury(1983 年④、1988 年⑤)、Randall 和 Ironside(1996 年)⑥都不同程度上推进了研究的深入。我们以"Resource-dependent"为搜索项在"Elsevier"上可以获得大约 475,491 项结果,在"Google Scholar"上可以获得大约 21,400 项结果⑦。在此,从理论与实证两个方面归纳、梳理。

1.2.1.1 关于资源枯竭型城市可持续发展的理论研究

从早期文献来看,其关注点主要在于资源枯竭地区经济振兴问题⑧,其代表性研究成果有"*The Fur Trade in Canada: an Introduction to Canadian Ecnomic History*"⑨,"*Problems of staple production in*

① Randall J. E.,"Ironside R G. Communities on the Edge: AnEconomic Geography of Resource-dependent Communities inCanada", *The Canadian Geographer*40(1),1996, pp. 17 –35.

② 焦华富、陆林:《西方资源型城镇研究的进展》,载《自然资源学报》2000 年第 3 期。

③ Bradbury J. H.,"St Martin I. Winding Down in a QubicTown: A Case Study of Schefferville". *The Canadian Geogra-pher*27(2),1983,pp. 128 –144.

④ Bradbury J. H.," *Living with Boom and Cycles: New Towns onthe Resource Frontier in Canada*". in *Resource Communities*, CSIRO, Australia, 1988, pp. 3 –19.

⑤ Bradbury J. H.,"St Martin I. Winding Down in a QubicTown: A Case Study of Schefferville", *The Canadian Geogra-pher*,27(2),1983,pp. 128 –144.

⑥ Randall J. E.,"Ironside R G. Communities on the Edge: AnEconomic Geography of Resource-dependent Communities inCanada", *The Canadian Geographer*,40(1),1996, pp. 17 –35.

⑦ 检索时间为 2015 年 12 月 20 日。

⑧ 万会:《我国资源枯竭型矿业城市可持续发展评价及经济转型研究——以甘肃省白银市为例》,中国地质大学(北京)地理信息工程系 2006 年博士学位论文,第 28 页。

⑨ Harold A., Innis, *The Fur Trade in Canada: an Introduction to Canadian Ecnomic History*, New Have, Yale University Press, 1930, pp. 1 –383.

Canada"①, "*New industrial towns on Canada's resource frontier*"② "*Single Enterprise Communities on Canada's Resource Frontier*"③等。这些研究成果不仅开创性地提出了"资源枯竭型城市"范畴，并且运用社会学、经济学、城市规划学、行为地理学等多学科方法展现了"资源枯竭型城市"的多层结构意涵。

20世纪70年代以后，随着可持续发展理念的深入，与资源枯竭型城市可持续发展密切相关的研究逐渐增多，并成为一个持续的研究热点。

一些学者围绕资源枯竭型城市所涉及的森林、岩石、沙滩、潮汐地、生物多样性等生态保护议题提出了自己的观点，认为资源枯竭型城市的转型发展应以可持续发展理念为指引。较有代表性的论述有："*The rock, the beach, and the tidal pool: People and poverty in natural resource-dependent areas*"④, "*Theories in the study of natural resource-dependent communities and persistent rural poverty in the United States*"⑤, "*Changing Forest Service Values and Their Implications for*

① Innis H. A., *Problems of staple production in Canada*, Ryerson Press, 1933, pp. 1-124.

② Robinson I. M., *New industrial towns on Canada's resource frontier*, Chicago, Department of Geography, University of Chicago, 1962, pp. 1-2.

③ Siemens L. B., "Single Enterprise Communities on Canada's Resource Frontier", *New Communities in Canada: Exploring Planned Environments*, 1976, p. 285.

④ Peluso N. L., "Humphrey C R, Fortmann L P. The rock, the beach, and the tidal pool: People and poverty in natural resource-dependent areas, 7 (1) *Society & Natural Resources*, 1994, pp. 23-38.

⑤ Humphrey C. R. et al., "Theories in the study of natural resource-dependent communities and persistent rural poverty in the United States", *Persistent poverty in rural America*, 1993. pp. 136-172.

Land Management Decisions Affecting Resource-Dependent Communities"①,"*Healthy forests, healthy communities: an emerging paradigm for natural resource-dependent communities?*"②,"*Adaptation and equity in resource dependent societies*"③,"*Sustainable economic development: on the coexistence of resource-dependent and resource-impacting industries*"④等。

还有一些学者从社会公平正义价值入手,探讨了资源枯竭型城市面临的种种问题及其社会负面效应。较有代表性的论述有:"*Equity and justice in climate change adaptation amongst natural-resource-dependent societies*"⑤,"*Adaptation and equity in resource dependent societies*"⑥,"*Community, environment, and development: social impact assessment in resource-dependent communities*"⑦,"*Sustainability in*

---

① Cramer L. A. et al., "Changing Forest Service Values and Their Implications for Land Management Decisions Affecting Resource-Dependent Communities1" *Rural Sociology*58(3),1993,pp.475-491.

② Kelly E. C., "Bliss J C. Healthy forests, healthy communities: an emerging paradigm for natural resource-dependent communities?", *Society and Natural Resources*22(6),2009,pp.519-537.

③ Thomas D. S. G., "Twyman C. Adaptation and equity in resource dependent societies", *Fairness in adaptation to climate change*,2006,pp.223-237.

④ López R., "Sustainable economic development: on the coexistence of resource-dependent and resource-impacting industries", *Environment and Development Economics*15(6),2010,pp.687-705.

⑤ Thomas D. S. G., "Twyman C. Equity and justice in climate change adaptation amongst natural-resource-dependent societies", *Global Environmental Change*15(2),2005,pp.115-124.

⑥ Thomas D. S. G., "Twyman C. Adaptation and equity in resource dependent societies", *Fairness in adaptation to climate change*,2006,pp.223-237.

⑦ Rickson R. E. et al., "Community, environment, and development: social impact assessment in resource-dependent communities", *Impact Assessment*13(4),1995,pp.347-369.

natural resource-dependent regions that experienced boom-bust-recovery cycles: lessons learned from a review of the literature"①。

气候变化也是学者重点关注的主题之一，如"*Climate Change Adaptation Planning in Remote, Resource-dependent Communities: an Arctic Example*"②，"*Climate Change in Northern Norway: Toward an Understanding of Socio-economic Vulnerability of Natural Resource-dependent Sectors and Communities*"③等。

值得一提的是，学者们还从社会管理、制度规范视角关注了资源枯竭型城市治理问题，指出应依据资源枯竭型城市的不同类型划分，采取差异化政策对资源枯竭型城市转型、发展予以扶持。如 Pearce T, Ford J D(2012 年)④分析了在偏远的资源依赖型社区开展气候变化规划的重要性；Esanov A(2012 年)⑤论述了资源枯竭型国家采取多样化策略所需的动力机制和政策问题；FDL Conway 和 L Ketchum

---

① Putz A. et al., "Sustainability in natural resource-dependent regions that experienced boom-bust-recovery cycles: lessons learned from a review of the literature", *Center for Community Vitality Working Paper*, 2011, pp. 1-31.

② Pearce T. et al., "Climate change adaptation planning in remote, resource-dependent communities: an Arctic example", *Regional Environmental Change* 12(4), 2012, pp. 825-837.

③ West J and Hovelsrud G. K., "Climate change in Northern Norway: toward an understanding of socio-economic vulnerability of natural resource-dependent sectors and communities", *CICERO report*, 2008, pp. 1-40.

④ Pearce T. et al., "Climate change adaptation planning in remote, resource-dependent communities: an Arctic example", *Regional Environmental Change* 12(4), 2012, pp. 825-837.

⑤ Esanov A., "Diversification in Resource-Dependent Countries: Its Dynamics and Policy Issues", *Resource Governance*, 2012, pp. 1-8.

(1996年)[①]、Krannich R S和Zollinger B(1997年)[②]、Slater R, Twyman C(2003年)[③]、Klein J A, Yeh E, Bump J(2011年)[④]等则从协调环境保护和气候变化,从管理到治理转型等视角,展开了深入分析。

1.2.1.2　关于资源枯竭型城市可持续发展的实证研究

实证分析也是国外相关研究采用较多的一种方法,尤其是在著名工业区如德国鲁尔、美国休斯敦、日本北九州等发生了严重资源衰退和枯竭的情况下,个案分析成为了研究的重点。

例如,有研究以日本北九州城市问题为样本,指出北九州的成功转型离不开日本政府的政策促进。正是历经了9次政策调整后(1962~1971年),北九州的煤炭产业结构得以改变,既提升了传统产业的效率,又引入了新的产业力量,确保了经济社会繁荣。[⑤]

就德国老工业区鲁尔的转型升级问题,有分析指出,鲁尔区发展的指导思想发生了改变,新的战略顾及传统煤炭工业的结构调整,注重吸收、促进新兴产业,还实施了一系列的社会保障措施,从而实现了

---

① FDL Conway, *Managing Change in Natural Resource-dependent Communities*, trans. by L Ketchum Towns, Oregon State University, 1996, pp. 1 – 233.

② Krannich R. S., and Zollinger B., "Pursuing rural community development in resource-dependent areas: obstacles and opportunities", *Research in Community Sociology*7, 1997, pp. 201 – 222.

③ Slater R. and Twyman C., *Hidden Livelihoods? Natural Resource-Dependent Livelihoods and Urban Development Policy*, Overseas Development Institute, 2003, pp. 1 – 211.

④ Klein J. A. et al., *Coordinating environmental protection and climate change adaptation policy in resource-dependent communities: a case study from the Tibetan Plateau*, Climate change adaptation in developed nations, Springer Netherlands, 2011, pp. 423 – 438.

⑤ 通产省资源能源厅石炭部:『コール・ノート』、东京、资源产业新闻社、1995年版,第12页。

产业结构的层次化、多样化和社会的稳定。①

布拉德伯里(J. H. Bradbury)则考察了加拿大和澳大利亚的情况,通过实证分析提出,地方政府在城市转型过程中的积极意义——鼓励外来资本、劳动力流入、发展基础设施、颁布法令等。②

随着研究的深入,相关的研究越来越丰富。这些研究已经不再局限于观察发达国家,而是将视角投放到新兴的工业化国家和地区,如墨西哥、危地马拉、格陵兰岛、湄公河流域等,其代表性成果主要有"*Forest resource-dependent communities and the new forestry:How wide the welcome mat in the Pacific Northwest?*"③,"*Minerals, and Social Change:An Exploratory Test of Two Resource-Dependent Communities*1"④,"*Rural Out-migration and Resource-dependent Communities in Mexico and India*"⑤,"*Fertility and the Environment in a Natural Resource Dependent Economy: Evidence from Petén, Guatemala*"⑥,"*Climate Change Vulnerability and Adaptation in Resource Dependent*

---

① 焦华富、路建涛、韩世君:《德国鲁尔区工矿城市经济结构的转变》,载《经济地理》1997 年第 2 期。

② Bradbury J. H., "Living with boom and cycles:new towns on the resource frontier in Canada" *in ResourceCommunities*, CSIRO, Australia, 1988, pp. 3 – 19.

③ Gale R. P., "Forest resource-dependent communities and the new forestry: How wide the welcome mat in the Pacific Northwest?", *NORTHWEST ENVIRON. J7*(1), 1991, pp. 7 – 33.

④ Machlis G. E. et al., " Timber, Minerals, and Social Change: An Exploratory Test of Two Resource-Dependent Communities1", *Rural Sociology*55(3), 1990, pp. 411 – 424.

⑤ Robson J. P. and Nayak P. K., " Rural out-migration and resource-dependent communities in Mexico and India", *Population and Environment*32(2 – 3), 2010, pp. 263 – 284.

⑥ Sutherland E. G. et al., " Fertility and the environment in a natural resource dependent economy: Evidence from Petén, Guatemala", *California Center for Population Research*, 2005, pp. 1 – 16.

Communities: a Case Study from West Greenland"①, "*Families along Resource-Rich Rivers Impact of Mekong Basin Dams on Resource-Dependent Communities and Measures*"②。

总体而言,国外对于资源枯竭型城市研究起步较早,也发展得较为成熟,涵盖了从理论到实证的多个方面,对于国内相关研究具有一定的镜鉴和启示意义。

1.2.2 国内研究现状

国内有关资源枯竭型城市可持续发展的研究呈现出阶段性③、多学科性特征。以"资源型城市"为搜索项在"中国知网"上可以获得6555条结果,其中博士论文数量为94篇,核心期刊的论文数量为964篇;以"资源枯竭型城市"为搜索项在"中国知网"上可以获得990条结果,其中博士论文数量为9篇,核心期刊的论文数量为172篇④。这些研究涉及经济学、生态学、社会学、法学等多学科领域,并围绕"从外到内"和"从内到外"两种研究路径展开。

---

① Ford J. and Goldhar C. ,"Climate change vulnerability and adaptation in resource dependent communities: a case study from West Greenland", *Climate Research*54(2),2012, pp. 181 - 196.

② Hall D. and Manorom K. , " Families along Resource-Rich Rivers Impact of Mekong Basin Dams on Resource-Dependent Communities and Measures" in *RCSD*, *Chiang Mai University Conference on "Critical Transitions in the Mekong Basin"*, Chiang Mai. , 2007, pp. 29 - 31.

③ 赵景海认为,我国开展资源型城市的研究大致可划分为三个阶段:生产力布局研究阶段(20世纪29年代至20世纪80年代中期)、工矿城市研究阶段(20世纪80年代中期至20世纪90年代中期)、资源型城市可持续发展研究阶段(20世纪90年代中期至今)。特别是到了第三阶段,有关资源型城市的研究达到了高峰。国家发改委专门设立了东北振兴司,协助东北老工业基地的资源型城市的可持续发展;2000年后,各类以资源型城市为研究主题的学位论文、科研报告相继出现,研究角度也呈现多样化趋势。参见赵景海:《我国资源型城市发展研究进展综述》,载《城市发展研究》2006年第3期;王树义、郭少青:《资源枯竭型城市可持续发展对策研究》,载《中国软科学》2012年第1期。

④ 检索时间为2015年12月20日。

1.2.2.1 以"从外到内"研究路径分析引介国外经验

这些研究成果主要目的在于引介吸收、比较借鉴，因此，围绕资源枯竭型城市国别经验、具体问题、创新举措等方面进行了较多的探讨。

例如，石秀华(2006 年)①对比分析了学界关于资源枯竭型城市的诸多界定，指出经济、资源、环境危机，是资源枯竭型城市发展过程中出现的"三危现象"，并介绍了国外化解资源枯竭型城市困境的做法。

彭华岗、侯洁(2002 年)②介绍了德国资源枯竭型城市和企业转型的经验及启示并认为，德国政府采取渐近式转型的办法，历经 20 多年，从被动转型入手，探索主动转型的新路，在发展新兴产业、促进就业等方面取得了较大的成效。

孔微巍、闫倩(2009 年)③引介了资源枯竭型城市在法国的发展情况，认为法国政府在这一方面做出了很大努力，包括给予直接资助、建立促进矿区工业化金融公司、设立特别基金、积极争取国外资金援助及吸引外资。这些措施值得我国借鉴吸收。

刘通、韩丽亚(2007 年)④对日本夕张市经济转型的实践经验进行了归纳梳理，指出成功地培育出具有竞争力的特色农业、没有出现大量的失业人口、对旅游业的投资项目选择失误引发财政困难、发展接续工业过晚等都是我国值得吸取的经验教训。

---

① 石秀华：《国外资源型城市成功转型的案例分析与比较》，载《科技创业月刊》2007 年第 12 期。

② 彭华岗、侯洁：《德国资源型城市和企业转型的经验及启示》，载《中国经贸导刊》2002 年第 19 期。

③ 孔微巍、闫倩：《法国资源型城市转型中的金融支持模式及借鉴》，载《商业研究》2010 年第 12 期。

④ 刘通、韩丽亚：《日本夕张市政府破产对中国资源型城市经济转型的启示》，载《宏观经济研究》2007 年第 1 期。

1.2.2.2 以“从内到外”研究路径总结归纳本国资源枯竭型城市转型经验

除了“从外到内”研究路径，立足于本土实践展开的相关研究成果也越来越丰富。学者们一般选取国内典型资源枯竭型城市展开实证分析。

如杨显明、焦华富、许吉黎（2015 年）①通过追踪淮南、淮北城市空间扩展，对比分析了中兴期和枯竭衰退期，煤炭资源枯竭型城市空间结构扩展过程、特征、影响因素，结果表明顺着交通线轴向外扩散是煤炭资源枯竭型城市的分布共性。

何丹、金凤君、周璟（2011 年）②以山东省济宁市大运河生态经济区为例，探讨了煤炭资源枯竭型城市建设用地适宜性评价的指标体系、评价模型以及 GIS 技术支持下的分析评价方法。选取自然因素、社会经济因素、生态安全因素 3 方面 8 个单因子构成该研究区适宜性评价指标体系。基于多因素叠加分析和 GIS 空间分析方法，设计了 4 种煤炭塌陷的未来情景，进行了研究区城市建设用地适宜性单因子评价和 4 种情景下的综合评价。结果表明：资源枯竭型城市地质状况发生了较大改变，建设用地将不断减少，需要政策调整。

相对而言，我国现阶段关于资源枯竭型城市可持续发展法治方面的专门研究较少。该领域主要研究者是陈婉玲、杜辉、王树义、吴宇、张式军等。

陈婉玲（2010 年）指出，资源枯竭型城市主导产业——资源型产业的衰退是历经工业化国家所共同面临的问题，以立法推进政府财政

---

① 杨显明、焦华富、许吉黎：《不同发展阶段煤炭资源型城市空间结构演化的对比研究——以淮南、淮北为例》，载《自然资源学报》2015 年第 1 期。

② 何丹、金凤君、周璟：《资源型城市建设用地适宜性评价研究——以济宁市大运河生态经济区为例》，载《 地理研究》2011 年第 4 期。

援助政策是各国的共通做法。我国政府也较为重视该项工作,加大了对衰退产业中央财政援助政策的实施力度,但效果却并不容乐观,究其根源,立法缺失为原因之一。以日本依法实施财政援助机制,实现衰退产业成功转型为例,提出了构建衰退产业财政援助政策法律化的若干建议。①

陈婉玲(2011 年)认为,我国政府极为重视资源枯竭型城市治理问题,并确立了资源枯竭型城市可持续发展的总体战略。但由于缺少制度规范,城市转型发展战略不能得到较好落实。域外经验表明,要从根本上解决资源枯竭型城市转型发展问题,关键在于通过立法明确权义。相关立法既是社会正义和利益平衡的诉求,也是现代发展权的要求。②

杜辉(2013 年)则认为,随着资源枯竭型城市转型发展进入新阶段,应该以法治替代政策作为资源枯竭型城市治理的基本手段,以克服资源型经济强大的挤出效应。③

王树义、郭少青(2011 年)指出,截至 2009 年,我国已有 44 个城市被国家有关部门列为资源枯竭型城市,其面临着生态环境破坏严重、主体产业衰退、失业及贫困人口较多等方面的困境。因此在对资源枯竭型城市产生的原因和面临的困境进行较为深入分析的基础上,从政策扶持和立法保障两方面提出了资源枯竭型城市可持续发展的基本对策。④

---

① 陈婉玲:《衰退产业财政援助政策的法律保障》,载《法学》2010 年第 11 期。

② 陈婉玲:《资源型城市可持续发展立法之应然论证》,载《华东政法大学学报》2011 年第 6 期。

③ 杜辉:《资源型城市可持续发展保障的策略转换与制度构造》,载《中国人口·资源与环境》2013 年第 2 期。

④ 王树义、郭少青:《资源枯竭型城市可持续发展对策研究》,载《中国软科学》2012 年第 1 期。

吴宇(2010年)认为,国务院确定了44个资源枯竭型城市,这些城市面临着急迫的转型要求,需要借鉴域外经验,破解关键问题,从而较好地实现资源枯竭型城市治理的转型。①

张式军、王凤涛(2011年)从法经济学角度提出,矿产资源型城市在依赖便捷资源获得经济发展与财富积累的同时,无不面临经济和社会问题。目前的环境资源税费制度没能发挥遏制环境与资源衰退的作用。生态补偿提供了矿产资源城市可持续发展的一种制度模式,有助于避免"矿竭城衰"的发生,实现矿产资源城市的可持续发展。②

综观国内已有研究成果,其主要贡献在于:一是引介了域外资源枯竭型城市管理政策与法律制度。二是对中国资源枯竭型城市治理现状进行分析,尝试提出政策管理框架,为探索资源枯竭型城市可持续发展法治提供了研究基础。但现有研究还存在一些不足:一是在研究层次上,缺乏理论的纵深与系统性集成。二是在研究路径上,沿袭"由外而内"的研究路径,冀图通过吸收、引进域外经验来规划和设计我国的制度蓝图。然而,随着资源枯竭型城市治理在各地的推进,立足于"本土化"的研究思路,结合特殊的制度现实,将更加有利于增进制度融入的适应性。三是在研究方法上,针对地方实践经验总结较少,缺乏实证方面相关的研究。为此,本书将对上述论题展开理论深化与系统论述,并立足于中国国情特别是湖南省省情,提出资源枯竭型城市可持续发展法治的建议。

---

① 吴宇:《资源枯竭型城市可持续发展转型环境法律问题研究》,载《生态经济》2010年第1期。

② 王凤涛:《破解"矿竭城衰"难题的法律经济学方案》,载《法学评论》2011年第5期。

1.3 研究结构与方法

本书的基本旨趣在于，一方面，从基础理论层面系统研究资源枯竭型城市可持续发展法治的理论意涵与基本特征、范式嬗变与基本逻辑、关键环节与制度构成，以期能够在理论纵深与系统性上深化已有研究；另一方面，从制度建构层面，在借鉴域外经验的基础上，提出具备本土适应性特别是适用于湖南实际的法治建议和设计方案。

本书坚持基础理论和制度建构相结合的研究思路。基础理论研究的目的主要是为了探索分析法治的知识根基与制度基础。制度建构则力求在镜鉴域外经验基础上，型构符合中国国情的污染治理修复制度。两者彼此互补，基础理论研究针对不断变迁的制度范式，提供制度建设的基础原理，主要包括理论意涵、基本特征、范式嬗变与基本逻辑等。制度建构则着重知识的应用与社会实践，不但包括域外国家和地区经验的引介，也包括本土实践的归纳总结，既涵盖了具体的规范建构与标准体系建设，也提出了宏观的法治构想与建议，并对污染治理的具体行为制度、规制关系结构与制度形态进行了研究。

本书的论述架构，除绪论部分以外，共分为6个部分：

第一部分，资源枯竭型城市可持续发展法治概述。从“资源枯竭型城市”“资源枯竭型城市可持续发展”“资源枯竭型城市可持续发展法治”三个概念的阐释入手明确研究的基础范畴。资源枯竭型城市可持续发展法治是规范公共机构和社会主体资源枯竭型城市治理行为的总称。它以城市转型与可持续发展为法治目的，以特定空间区域整体为调整对象，以产业转型、生态修复、社会治理、司法保障等为主要内容，以政府管制与公众参与互动为治理手段，并覆盖了准入与开发、拓展与扶持、转型与退出全过程。其法治的必要性,源于社会的现实需要以及资源枯竭型城市治理对制度措施稳定性的渴求,体现了社会正义、利益平衡和社会发展权的诉求。

第二部分,资源枯竭型城市可持续发展法治的现状及实效。从法治现状看,经过若干年的实践探索,我国已初步形成了以国务院两个重要文件为政策基础,以环境治理、经济转型和社会保障为主要内容,覆盖准入与开发、拓展与扶持、转型与退出全过程的资源枯竭型城市治理规则体系;从运行实效上看,本书选取湖南省 3 个县级资源枯竭型城市为样本,通过实地调研、参观走访,梳理、分析了法治实施取得的成效,并指出法治实施过程中存在的主要问题。

第三部分,资源枯竭型城市可持续发展法治存在的问题及原因。现有法治存在结构性和制度双重问题。就法治结构而言,在规制路径选择上,政策指导被倚重,政策法治化程度较低;在规制体系上,相关立法较多,专门立法欠缺;在规制主体上,偏重于中央层面的立法,地方层面立法较少;在规制重点上,实体性规范较多,约束权力运行的程序性规范较少。就制度内容而言,资源枯竭型城市可持续发展法治在有序开发综合利用资源、构建多元化产业体系、切实保障和改善民生、加强环境治理和生态保护、财政转移支付与征收资源税费等方面,都存在诸多的问题。上述问题的产生,一方面,是因为资源枯竭型城市可持续发展先行经验不足、司法保障不完善;另一方面,则是因为资源枯竭型城市可持续发展法治具有综合性,背后关涉复杂利益博弈,需要展开深层次的利益调整。

第四部分,资源枯竭型城市可持续发展法治的域外镜鉴。资源枯竭型城市治理是世界各国工业化发展过程中面临的普遍社会问题。域外国家,如德国、日本、美国等已经在资源枯竭型城市可持续发展法治方面,迈出了重要而坚实的步伐,形成了各自的规制特征。依靠法治手段对资源枯竭型城市可持续发展予以扶助,对于我国现阶段资源枯竭型城市可持续发展法治具有重要的借鉴和启示意义。

第五部分,我国资源枯竭型城市可持续发展立法的完善。就立法模式而言,我国应专门针对资源枯竭型城市可持续发展展开立法,专门立法的形式应当是行政法规,并且应与地方立法相结合形成多层次的法治体系。在国家相关立法的完善方面,除了制定完善《资源枯竭型城市可持续发展条例》以外,还需要调整完善其他相关立法,以形成综合性的保障体系。在湖南省专门立法的探索上,湖南省具备制定专门立法的现实必要性和可能性,《湖南省资源枯竭型城市可持续发展条例》的基本框架主要应包含总则、准入与开发、拓展与扶持、转型与退出、城市基础设施建设与社会统筹、环境治理与生态修复、经济补偿与激励、法律责任、附则等内容。

第六部分,我国资源枯竭型城市可持续发展司法保障的完善。从法治运行层面看,在立法完善、严格执法以外,还应充分发挥环境司法对于资源枯竭型城市的保障作用。通过加强环境司法来弥补行政执法的不足,形成在资源枯竭型城市可持续发展过程中行政与司法手段的双轮驱动,并通过及时、有效、公正地裁判惩治相关违法犯罪行为,增强法律的威慑力。主要的改革路径包括:树立可持续发展的环境司法理念、畅通诉讼渠道、实现司法专门化、推进资源枯竭型城市相关环境公益诉讼的实施、完善诉讼程序、加大对环境犯罪和相关职务犯罪的惩治力度等,以完善对资源枯竭型城市可持续发展的司法保障。

从这一路径出发,本书的研究方法主要基于法学、环境学、经济学、社会学、政治学等学科的分析理路,既有演绎推理又辅之以个案经验的归纳,使理论与实证相结合。具体而言,资源枯竭型城市可持续发展法治的内涵、特征与价值,主要运用文献分析的方法;域外资源枯竭型城市可持续发展法治的历史发展与内在逻辑,主要运用历史情景考据的方法,从历时性的视角呈现其嬗变过程,反映制度形成、发展、成熟的内在规律;对资源枯竭型城市可持续发展法治的检视与反思,则借鉴了案例分析的方法,梳理发生过程、环境危害和责任分担情况,继而分析既有制度的不足、后果与成因;对地方层面资源枯竭型城市可持续发展法治的检视与反思,则选取湖南省为样本,通过实地调研、走访,问卷调查等方式,掌握湖南省的第一手资料;对我国资源枯竭型城市可持续发展法治的规定与型构以及具体的法治构想与建议,主要基于法解释学方法,以“制度—结构”的思路呈现其应然状态。

2. 资源枯竭型城市可持续发展法治概述

资源枯竭型城市问题,包括产业、生态、社会等各方面,已然成为影响世界各国经济社会发展的严重社会问题。它不仅是与资源性、生态性、功能性、经济性相关联的技术性议题,亦是社会建构的、寓于社会关系和社会结构之中的社会性问题[1];既是一种城市发展问题,也是一种涉及行为、规范、制度的公共风险治理议题。对资源枯竭型城市可持续发展展开法治研究,应对其作出合理的范畴界定,以把握其内涵外延、本质特征,形成对资源枯竭型城市可持续发展法治为何物的概念认识。

---

① 李奇伟、李爱年:《论利益衡平视域下生态补偿规则的法律形塑》,载《大连理工大学学报》(社会科学版)2014年第2期。

2.1 资源枯竭型城市可持续发展法治的理论意涵

资源枯竭型城市可持续发展法治意味着从制度层面,对资源枯竭型城市可持续发展所涉及的各种行为予以规范,通过适当的权益安排协调利益相关者的利益,并最终实现资源枯竭型城市的产业升级、环境整治、生态保护与社会可持续发展。理解资源枯竭型城市可持续发展法治需要从基础范畴——“资源枯竭型城市”“资源枯竭型城市可持续发展”“资源枯竭型城市可持续发展法治”入手,明确其内涵和外延。

2.1.1 资源枯竭型城市的定义

对资源枯竭型城市范畴的理解可以从两个方面展开,一是从语义的角度解读,理解“资源枯竭型城市”作为语词的含义;二是从种属概念关系的角度理解,分析“资源枯竭型城市”与“资源型城市”之间的类型化和阶段性关系,从而较为全面准确地把握“资源枯竭型城市”范畴的理论意涵。

2.1.1.1 “资源枯竭型城市”的语义解读

从词语角度来看,“资源枯竭型城市”这一中文词汇是由“资源”“枯竭”“城市”等词汇构成,所以,“资源枯竭型城市”的语义解读也源于对这3个词语的理解和诠释。

依据《政治经济学大辞典》的解释,“资源”(Resources)指人类社会生存和发展的基本要素。广义的“资源”包括物质资本、人力资本、科学技术、自然资源和生态环境等。狭义的“资源”概念一般是指自然资源。自然资源是由人发现的,有用途和有价值的,处于一种自然状态或者没有被加工过的状态的,物质及其能量。自然资源具备两个特性:第一,相对于人类需求来说,自然资源具有稀缺性;第二,自然资源是一个动态的概念。随着技术的进步和信息的传递,人们会不断发现新资源,从而改变自然资源的质和量。① 应当说,"资源枯竭型城市"所使用的"资源"指的是自然资源,而且以不可再生自然资源,如矿产资源为主。②

对"枯竭"的理解也是"资源枯竭型城市"语义解读的一个重要方面。依据《当代汉语词典》,"枯竭"是指:第一,(水源)干涸,断绝,如河水枯竭;第二,用尽,缺乏,如精力枯竭、文思枯竭、资源枯竭、人力枯竭。③ 显然,"资源枯竭型城市"中的"枯竭"是指不可再生自然资源的用尽、缺乏。不过,这种理解也仍然存在"自然"意义上的"枯竭"和"经济"意义上的"枯竭"两层含义。从"自然"意义上来看,主要指,不可再生自然资源在物理上已经被发掘完毕或者即将发掘完毕。从"经济"意义上来看,主要指由于技术的不发达和发掘成本的高昂,使得继续开采不具备现实条件。一般认为,"经济"意义上的资源枯竭会提前于"自然"意义上的资源枯竭发生。④

"城市"则是指,高密度人口聚居、主要从事非农业产业活动,社会功能复杂的人们生活共同体。在中国古籍中,"城市"是一个复合词。"城"因"土"而"成",指城墙、城郭,"一成而不可毁也"⑤,指保障人们安全居住的一块地方;"市,买卖所也"⑥,指人们从事经济活动,做买卖的地方。"城""市"合一,就是人们聚居地和做买卖场所

---

① 张卓元:《政治经济学大辞典》,经济科学出版社 1998 年版,第 299 ~ 301 页。

② 一些情况下也包括可更新自然资源,如森林,但一般不包括可再生自然资源,如太阳辐射、风、水力、地热和温泉等。

③ 莫衡:《当代汉语词典》,上海辞书出版社 2001 年版,第 36 页。

④ 陈慧女:《中国资源枯竭型城市的产业转型》,中国社会科学出版社 2012 年版,第 12 页。

⑤ 《康熙字典》丑集。

⑥ 《康熙字典》寅集。

的统称。现代城市的特点是:第一,人口密度和人口规模大,居民结构复杂;第二,是一个地区和国家的政治、经济、文化、科学、教育、信息及服务中心;第三,社会组织机构繁杂,人们活动专业化,人际关系以血缘为主;第四,城市家庭的规模与职能缩小,以核心家庭为主,家庭的生产职能、教育职能等外移;第五,城市居民文化素质比乡村居民高,生活方式多样化,时间观念、效率观念强,相互竞争激烈。①

综合这3个方面的理解,"资源枯竭型城市"在语义层面所反映出的概貌就在于,"以不可再生资源为主体""资源被开采完毕或者即将开采完毕"的城市类型。

2.1.1.2 "资源枯竭型城市"种属概念关系角度的解读

按照国务院《全国资源型城市可持续发展规划(2013～2020年)》文件对资源型城市的定义,资源型城市是以本地区矿产、森林等自然资源开采、加工为主导产业的城市(包括地级市、地区等地级行政区和县级市、县等县级行政区)。② 从种属概念关系的角度来看,资源枯竭型城市显然是资源型城市③的一种,也是资源型城市发

① 廖盖隆:《马克思主义百科要览》,人民日报出版社1993年版,第16～18页。

② 国务院办公厅:《国务院关于印发全国资源型城市可持续发展规划(2013～2020年)的通知》,载中国政府网文献库,最后访问日期:2015年10月8日。

③ 关于什么是资源型城市,学界并没有定论,主要的界定有以下几种:张秀生、陈先勇(2001年)认为,资源型城市指其主要功能或重要功能是向社会提供矿产品及其初加工品等资源型产品的一类城市;张米尔、武春友(2007年)指出,资源型城市是依托资源开发而兴建或者发展起来的城市,作为一种特殊类型的城市,其主导产业是围绕资源开发而建立的采掘业和初级加工业;郑伯红(1999年)认为,资源型城市就是专门化职能城市的一种,是指伴随资源开发而兴起的城市,或者在其发展过程中,由于资源开发促使其再度繁荣的城市。参见张秀生、陈先勇:《论中国资源型城市产业发展的现状、困境与对策》,载《经济评论》2001年第6期;张米尔、武春友:《资源型城市产业转型障碍与对策研究》,载《经济理论与经济管理》2007年2期;郑伯红:《资源型城市的可持续发展优化及案例研究》,载《云南地理环境研究》1999年第1期。

展演化过程中的一个阶段①。因此，前者是后者的种概念，或下位概念；后者是前者的属概念，或上位概念。

我们可以从类型划分和发展阶段两个角度来理解“资源型城市”与“资源枯竭型城市”的种属关系。

首先，“资源枯竭型城市”是“资源型城市”的类型之一。在《资源型城市可持续发展规划(2013～2020年)》中，资源型城市被划分为成长型、成熟型、衰退型和再生型4种类型②，每种类型对应的特征、发展方向和重点任务都不同。从类型划分角度来看，“资源枯竭型城市”大体上对应了4种类型之一的衰退型城市。它呈现出衰退型城市的主要特征——资源濒临枯竭，传统产业发展困难，民生社会问题突出，生态破坏、环境污染严重，需要转型发展。

表2　资源型城市的4种类型

成长型	成熟型
衰退型	再生型

其次，从发展阶段来看，资源枯竭型城市反映了资源型城市生命周期发展的一个重要阶段。根据生命周期理论，城市如同有生命个体一样，具有完整的发展周期——出生、发育、衰落。而资源枯竭型城市

---

①　于立：《资源枯竭型城市产业转型问题研究》，中国社会科学出版社2008年版，第12页。

②　成长型城市资源开发处于上升阶段，资源保障潜力大，经济社会发展后劲足，是我国能源资源的供给和后备基地；成熟型城市资源开发处于稳定阶段，资源保障能力强，经济社会发展水平较高，是现阶段我国能源资源安全保障的核心区；衰退型城市资源趋于枯竭，经济发展滞后，民生问题突出，生态环境压力大，是加快转变经济发展方式的重点难点地区；再生型城市基本摆脱了资源依赖，经济社会开始步入良性发展轨道，是资源型城市转变经济发展方式的先行区。参见国务院办公厅：《国务院关于印发全国资源型城市可持续发展规划(2013～2020年)的通知》，载中国政府网文献库：http://www.gov.cn/zwgk/2013－12/03/content_2540070.htm，最后访问日期：2015年4月5日。

的发展，既要体现普通城市发展生命周期规律，也要遵循资源型城市特定的内在规律，呈现出起步或形成期→成长期→成熟期→转型期或衰退期4个阶段。每一个阶段又对应着不同的阶段性特征。

表3　不同阶段资源型城市的发展特征和主要问题

成长阶段	城市发展特征	存在问题
起步期	工矿业起步，矿业人口集聚，矿区镇形成	投入产出严重失衡，人员效率低下
成长期	工矿业发展，城市化加快，人口剧增	污染日益严重，生态环境急剧恶化
成熟期	资源开采处于鼎盛，财政资金积累加快	开采条件恶化，带来效益威胁
衰退期	资源枯竭，主体产业停滞	城市经济脆弱，大量工人下岗失业，财政困难

以何种标准划分每一个阶段特别是从成熟期到衰退期如何界定，需要依赖定量和定性两种判断方法。从定性角度来看，主要的评判标准是城市社会、经济、文化功能的衰退程度；从定量角度来看，主要观察采掘时间占设计年限比例、采出储量占可采储量的比重等指标。其中，比较一致的观点是，已采掘量达到探明储量的60%～70%，而采掘时间已经超过设计年限的3/4以上①。

基于以上的分析，同时为了确保概念厘定的权威性，本文采用国

---

① 例如，有学者认为，资源枯竭型城市是指资源型城市的资源开发已经进入后期，资源的累计采出量已达到可采储量的70%以上的城市；也有学者认为，资源枯竭型城市是指已探明的主体资源出现枯竭的资源型城市，其资源采掘量占已探明储量的60%以上，采掘时间占设计年限的3/4以上；还有学者认为，资源采出量占已探明可采储量的60%以上，采掘时间占设计年限75%以上，资源业已萎缩，资源型主导产业业已衰退，城市的社会功能、经济功能、文化功能已经开始衰落的资源型城市。参见吴诗荣：《我国资源枯竭型城市产业结构特征的初步分析》，载《财经政法资讯》2006年第5期；王恒礼、毕孔彰：《地学哲学与构建和谐社会》，中国大地出版社2006年版，第223页；于言良：《资源型城市经济转型研究——以阜新经济转型试点市为例演绎“一转三重”转型理论》，辽宁工程技术大学出版社2006年版，第37页。

务院振兴东北办对资源枯竭型城市的界定原则和标准。界定原则：第一，工业及采掘业规模明显下降的城市；第二，属于失业率高和失业下岗人员数量多的城市；第三，资源开发时间比较长的城市。界定标准：第一，限额以上工业现价总产值、限额以上工业年平均从业人员、采掘业现价总产值、采掘业从业人员 4 项指标中，有 3 项以上指标数值减少的资源型城市；第二，城市登记失业人员比重高于 10%，地级市大于 100,000 人（县级市大于 5000 人）的资源型城市；第三，资源开发时间 40 年以上的资源型城市。

2.1.2　资源枯竭型城市可持续发展的理念诠释

2.1.2.1　可持续发展理念的提出与多维意涵

资源枯竭型城市可持续发展源于可持续发展理念。20 世纪 50 年代以来，伴随着经济社会发展与环境保护之间的矛盾日益尖锐，如何构造一个涵盖当代人和未来世代、人与自然、人与社会和谐共生的国家和地球，成为理论和实践的热点。

1972 年，罗马俱乐部在《增长的极限》报告中，分析了人口、工业发展、粮食、不可再生自然资源和环境污染问题，认为经济社会的发展存在一个增长的极限，如果不自觉抑制粗放式增长，人类社会的未来将面临崩溃。这一“零增长”理论常被视为可持续发展理念提出的先声。

同样在 1972 年，斯德哥尔摩人类环境大会首次提出，经济发展与生态保护协调发展的重要性，认为人类正面临由于资源过度利用和不当利用而造成环境损害的局面。

1980 年，国际自然与资源保护同盟，联合世界野生生物基金会发表《自然资源保护大纲》，呼吁确定自然与社会、生态和经济的基本关系，并首次在国际文献中提出“确保全球可持续发展”的倡议。

1987 年，挪威首相布伦特兰夫人在著名的《我们共同的未来》报告中,对可持续发展概念进行了正式阐释,指出,“可持续发展是既满足当代人的需要,又不损害后代人满足需要的能力的发展”。在这之后,可持续发展理念和思潮逐渐在全球范围内获得认可。

1992 年,里约“联合国环境与发展大会”通过了《21 世纪议程》,进一步凝聚了可持续发展的共识。议程分为 4 部分 40 章,为全球部署、落实可持续发展规划制定了具体的行动方案。里约会议使可持续发展迈入了实践的重要阶段。

可持续发展具有丰富的理论意涵。它是生态、经济、社会三维合一的整体性、系统性发展。它的关键思想在于:良好的经济社会发展,离不开生态环境的可持续、社会的公平公正和公众的参与;可持续发展既要满足当代人的种种物质与精神要求,又要保证下一代人的种种权益。从经济层面来看,可持续发展所主张的并不是单纯选择环境保护而不再发展经济,它只是要求改变传统的粗放式发展方式,实现集约式增长;从生态保护层面来看,可持续发展内含着与生态环境运转规律保持一致的要求,也就是人类开发建设活动不应超越生态环境自身的承载能力,要与之相匹配。总之,在可持续发展的理论体系中,生态、经济、社会可持续是 3 个重要组成部分,经济是基础,生态是条件,社会可持续是目的。①

2.1.2.2　城市可持续发展的内涵

随着可持续发展理念的深入人心,它逐渐地渗入到城市发展领域,形成了“城市可持续发展”的基本观念。1996 年,Trudy Harpham 和 Edmundo Werna 率先提出城市可持续发展概念,指出,在城市的可

---

① 冯华:《怎样实现可持续发展——中国可持续发展思想和实现机制研究》,复旦大学经济学系 2004 年博士学位论文,第 28 页。

持续发展方面，健康是经济、社会和生态环境以外一个较为重要的因素。① 此后，协同论、系统论、控制论和生态学理论逐渐结合区域可持续发展，产生了城市可持续发展理论。

一般认为，城市可持续发展是指在一定的时空尺度上，以长期持续的城市增长及其结构进化，实现高度发展的城市化和现代化，从而既满足当代城市发展的现实需要，又满足未来城市的发展需求。从宏观面上看，城市可持续发展主要是指城市数量在一定区域持续增长，并实现城乡的一体化；从微观面上看，城市可持续发展则是指，城市在结构、功能、定位、规模等方面持续不断的变化发展，从而实现内在结构的不断变化。总之，城市可持续发展是其结构、规模、数量由不可持续到可持续变化发展，由紊乱到协调，由低级到高级的发展过程。②

对"城市可持续发展"范畴的理解，可以从资源、环境、经济、社会等多重视角展开。从资源角度来看，城市的可持续发展依赖于资源的合理利用，只有友好的使用，提升资源利用效率，才能够使它的内在潜力得以实现，形成以生存容量为基础的绿色城市。从环境角度来看，城市的可持续发展意味着城市居民通过自身的努力提升居住区及其所在城市的自然、人文环境，应担负起责任，不随意地将环境问题留给未来世代。从经济角度来看，城市的可持续发展要求城市中内在的系统结构与城市的发展功能相互协调、匹配。换言之，是围绕生产、交换、消费等环节，均衡地分布第一、第二、第三产业活动，促进城市新的结构与传统结构、产业、功能之间和谐一致。从社会角度来看，城市可持续发展需要建构一个充分交往、信息流通、传播公开透明、文化发展

---

① Harpham T. and Werna E., "Sustainable urban health in developing countries", *Habitat International*20(3), 1996, pp. 421 - 429.

② 海热提·涂尔逊等：《城市可持续发展的综合评价》，载《中国人口：资源与环境》1997 年第 2 期。

的平台，使城市中人和人之间关系稳定、和谐，政府、社会、公众等利益相关方，都能积极参与到有关问题的讨论和决策中来。

2.1.2.3 资源枯竭型城市可持续发展的特定含义

"资源枯竭型城市可持续发展"是特定城市类型的协调发展。它既具有一般城市可持续发展的基本特征，同时也具有其特定的发展重点、目标和任务。

因此，资源枯竭型城市可持续发展主要指的是，资源枯竭型城市如何摆脱"资源诅咒"①和城市生命周期律，实现城市遗留问题的治理、产业的转型和可持续发展能力的增强，进而实现当代人和后代人对城市的公平分享，当代人之间的公平拥有以及人与自然的和谐共生。

从内容上看，资源枯竭型城市可持续发展面临的主要问题，包括产业的转型与接续、环境整治修复的完成、社会保障制度的完善等，从而提升城市的可持续发展能力；从过程上看，涵盖准入与开发、拓展与扶持、转型与退出全过程；从保障措施上看，要将政策保障与法治保障措施相结合，注重依法治理，完善相关机制。

2.1.3 资源枯竭型城市可持续发展法治的内涵特征

资源枯竭型城市可持续发展法治是针对特定内容展开的，主要指，特定主体，依据其职权和程序，运用一定的法治技术，制定、认可和

---

① 1993年，(Auty)在研究产矿国经济发展问题时第一次提出了"资源的诅咒"(Resource Curse)这个概念，即丰裕的资源对一些国家的经济增长并不是充分的有利条件，反而是一种限制。在此之后，Sachs和Warner(1995年，1997年，2001年)连续发表了三篇文章，对"资源诅咒"这一假说进行开创性的实证检验。他们选取95个发展中国家作为样本，测算自1970～1989年这些国家GDP的年增长率，结果发现仅有两个资源丰裕型国家年增长速度超过2%。回归检验表明，自然资源禀赋与经济增长之间有着显著的负相关性，资源型产品(农产品、矿产品和燃料)出口占GNP中的比重每提高16%，经济增长速度将下降1%。即使将更多的解释变量纳入回归方程，如制度安排、区域效果、价格波动性等，负相关性依然存在。

变动有关资源枯竭型城市可持续发展的特定社会规范的活动。从法治动态过程分析,可以将其分为制定、认可和变动等环节。从法治结果来看,资源枯竭型城市可持续发展法治可以视为,规范公共机构和社会主体城市治理行为的总称。它以城市可持续发展为目的,以特定空间区域整体为调整对象,以产业转型、生态修复与社会治理为主要内容,以政府管制与公众参与互动为治理手段,并覆盖了准入与开发、拓展与扶持、转型与退出全过程。

具体来看,其基本特征体现在5个方面:

2.1.3.1 以资源枯竭型城市可持续发展为目的

资源枯竭型城市可持续发展法治以城市可持续发展为目的。因为,资源枯竭型城市一般的生命周期都是从投入期→成长期→成熟期→衰退期,要避免"资源诅咒"和周期律的实现,就需要坚持用可持续发展理念来指引、规范和调整有关活动,实现有序开发,协调发展。

在这一目的指引下,需要将可持续发展理念融入整个法治体系中。在利益维护上,不仅关注当代人的发展权利,也关注后代人的发展权益。不仅关注经济利益,也关注经济与社会的协调发展。不仅注重效率价值也注重公平价值;在规制重点上,突出环境优先的原则,完善资源开发秩序、资源型产品价格形成机制、形成公正的利益共享机制等;在规制手段上,注重结合国家与社会治理机制,政府与市场资源配置方法为可持续发展目标的实现而努力。

在城市可持续发展目标指引下,需要通过法治实现经济转型、民生转型、社会转型、生态转型4个方面。在经济转型上,实现对传统衰落产业的深度挖掘和新兴接续产业的替代发展,推动产业结构、经济结构的优化升级,而产业结构调整是转型的核心内容,也是转型过程中的一个难点问题。在民生转型上,坚持以人为本,保障社会民生需求。包括就业保障、社会保障、医疗保障、援助救济等。在社会转型上,协调好城市转型与社会稳定的关系。在生态转型上,展开生态修复和治理。[①] 只有把这 4 个方面都融入资源枯竭型城市可持续发展法治中,才能真正推动城市可持续发展。

2.1.3.2　以特定空间区域整体为调整对象

资源枯竭型城市可持续发展法治的另一特征在于,其法治调整的对象不是某一种自然资源要素,也不是局部的环境污染和生态破坏,而是以特定空间区域整体——城市作为目标。

众所周知的是,一般有关环境的立法主要围绕水、土壤、空气等单一自然要素展开。如在我国的环境法体系中,关于污染防治的立法有《大气污染防治法》《水污染防治法》《海洋污染防治法》《固体废物污染环境防治法》《放射性污染防治法》等;关于自然资源保护的立法有《水法》《森林法》《草原法》《野生动物保护法》《渔业法》等,从而形成污染防治法与自然资源保护法两种类型区分。

与这些法律不同,未来的资源枯竭型城市可持续发展法治在调整对象上更特殊,也更为整体。它将涵盖城市转型与治理的方方面面,既有产业转型升级问题,又有生态保护、社会保障问题,从而更好地应对资源枯竭型城市发展过程中出现的产业结构失衡、基础建设受限、社会民生欠账多、生态修复难度大、资源浪费和枯竭严重等一系列问题。这已经不仅由单一的环境法所能涵盖,而是内容更加复杂的综合法。

2.1.3.3　以环境治理、经济转型和社会保障为主要内容

从法治内容上看,虽然资源枯竭型城市可持续发展法治涉及的内容相当广泛,但仍然有迹可循,无论是政策还是法治,均会围绕着环境治理、经济转型和社会保障 3 方面展开。

---

① 欧阳日辉:《资源枯竭型城市转型知识读本》,中国文史出版社 2012 年版,第 66 页。

第一,经济转型是资源枯竭型城市可持续发展法治的重心。即用新兴产业替代传统产业,推动产业结构、经济结构的优化升级,而产业结构调整是转型的关键,也是转型过程中的一个难点问题。法治的具体内容可以包括发展资源深加工产业链条、加大新兴产业投入力量、重点扶持特色服务业和吸纳就业能力强的相关产业等。

第二,环境治理是资源枯竭型城市可持续发展法治的迫切任务。它需要将可持续发展摆在突出位置,注重生态文明建设和绿色发展,坚持开发与保护并重、利用与防治结合,着力推动清洁生产和低碳发展,切实处理好经济社会发展与生态环境问题之间的关系,为资源枯竭型城市可持续发展提供制度支撑。这些措施具体包括矿山地质环境整治、污染防治、清洁生产、节能减排等。

第三,社会保障是资源枯竭型城市可持续发展法治的基础。需要不断破除城市内部的二元分裂结构,不断扩大保障范围,提升保障水平,从而促进社会的和谐稳定。这些措施主要包括加大就业和再就业推动力度、加速棚户区改造、增强社会保障与医疗卫生服务、构筑安全和谐的生产、生活环境等。①

2.1.3.4 以政府管制与公众参与互动为治理手段

资源枯竭型城市可持续发展法治在规定具体的治理手段时,应将政府管制与公众参与进来,以实现"自上而下"与"自下而上"治理的结合。十八届三中全会公报指出,要"推进国家治理体系和治理能力现代化""创新社会治理体系""改进社会治理方式、激发社会组织活力",②这意味着在规制理念上,高效和符合社会正义原则的治理应当

---

① 国务院办公厅:《国务院关于印发全国资源型城市可持续发展规划(2013 ~ 2020 年)的通知》,载中国政府文献库:http://www. gov. cn/zwgk/2013 - 12/03/content_2540070. htm,最后访问日期:2015 年 4 月 5 日。

② 十八届三中全会《中共中央关于全面深化改革若干重大问题的决定》。

是利益相关者，包括政府、公众、企业、专家的参与合作式规制。① 资源枯竭型城市善治的内在逻辑也在于从“管理”向“治理”转型。

第一，需要提升政府管理的效率。通过完善资源开发补偿制度，实现资源开发的正当性和公平性；确立资源枯竭型城市替代产业扶持制度，为产业结构调整提供保障；明确资源型产品价格形成制度，形成体现市场规律的资源价格；强化资源枯竭型城市社会保障制度，对民生问题进行持续关注；建立规划制度，实现资源枯竭型城市发展的预先设计和引导；明确资源枯竭型城市可持续发展的相关责任制度和责任追究机制，使承担法律责任的观念融入相关主体的行为中。

第二，推动公众参与信息公开，使治理理念从“管理”向“治理”转型。在主体结构上，形成包含政府、非政府组织、公众、专家体系等多维合作范式；在范围层次上，资源枯竭型城市治理涉及立法、执法、司法等各个环节，是全过程的控制和管理，从而形成以解决实际环境问题为导向，搭建理想的合作模型。②

2.1.3.5　覆盖准入与开发、拓展与扶持、转型与退出全过程

从动态进程来看，资源枯竭型城市可持续发展法治应覆盖准入与开发、拓展与扶持、转型与退出全过程。

就准入与开发而言，关键在于加强资源开发利用的规划和管理水平，提升开发的准入门槛，促进资源产业规模化、集约化经营，提升综合利用资源和节约资源的水平，推进绿色矿业、清洁生产和低碳发展。其关键制度包括开发秩序约束机制、产品价格形成机制、资源开发补偿机制等。

就拓展与扶持而言，主要是政府在人力、资金、政策、优惠上的扶

---

① 当然这并不排斥在合作框架中以政府为主导。

② 杜辉：《环境治理的制度逻辑与模式转变》，重庆大学法学院2012年博士学位论文，第17～19页。

助。一方面,政府运用财政转移支付手段、政府债券定向投放等措施,推动资源枯竭型城市历史遗留问题的解决,促进生态保护、环境整治,为资源枯竭型城市营造良好的社会环境;另一方面,通过税收优惠、减免等措施,增强新兴产业发展动力和资本实力。

就转型与退出而言,主要围绕经济转型、民生转型、社会转型、生态转型 4 个方面展开工作,实现产业的续接、环境的整治和社会的稳定。国家应该在重点项目上对这些城市进行倾斜,对符合条件的新兴产业企业,在项目审批、银行贷款、土地利用等政策上予以支持,从而引导生产要素趋向于替代产业发展。

总之,资源枯竭型城市可持续发展法治,将是具有自身特色的法治。其在目的、调整对象、主要内容、治理手段、覆盖面等方面都呈现出它的特殊性。

2.2 资源枯竭型城市可持续发展法治的现实意义

资源枯竭型城市可持续发展法治之所以必要,一方面,在于现实需要——资源枯竭型城市经济社会发展停滞,并面临着诸多严峻社会问题;另一方面,在于制度需要——传统的政策工具不足以推动资源枯竭型城市顺利完成转型发展任务,亟待策略转换与制度重构。无论是世界主要国家,如德国、日本、美国,还是中国都面临着资源枯竭型城市问题及其威胁,因此,概览基本情况及其问题将是立论的现实基础。

2.2.1 资源枯竭型城市可持续发展的需要

2.2.1.1 国外资源枯竭型城市的基本情况与问题

资源枯竭型城市引发的种种产业、生态、社会问题已然成为影响世界各国经济社会发展的严重社会问题。自工业革命以来,现代化的衍生与发展不仅推动了世界范围内的技术进步、生产力发展与物质的丰裕,也推动形成了一批资源型城市,而且随着全球化进程的加速,这一过程已不限于西方主要发达国家,而是成为遍及发达与发展中国家的普遍社会现象。然而,资源枯竭型城市的发展是建立在对资源开发利用的依赖之上的,一旦资源开发利用完毕或者替代能源出现①,城市发展就会遇到"瓶颈",不仅经济发展停滞,而且因经济发展停滞引发的其他社会负面效应也将会凸显出现,如此一来,资源枯竭型城市问题就显性化为一个重要的社会议题,成为公众关注的焦点。

从世界范围看,资源枯竭型城市名单正逐步增多,发达国家和发展中国家都存在类似的城市问题。发达国家如英国的伯明翰、纽卡斯尔、加迪夫、谢菲尔德等;美国的匹茨堡、休斯敦、洛杉矶等;加拿大的哈密尔顿、萨斯卡通、萨特贝里、卡尔加里、爱德蒙顿等;发展中国家如巴西的奥罗普雷、秘鲁的塞罗德帕斯科、墨西哥的特斯科科、瓜纳华托等。而且,这些资源枯竭型城市具有历史的分期,可以划分为西方工业化早期的矿业城市、殖民主义时期的矿业城市、计划经济时期的矿业城市3类。

① 到了20世纪五六十年代,资源型城市开始面临两大问题:一是出现资源枯竭,矿产资源经长期开采储量大大递减、质量也大大降低;二是低价替代品的竞争,不仅有第三世界国家低价同类矿产品的竞争,而且也有廉价石油对煤炭的竞争。这就势必导致原有产业衰退,解决这一问题的主要途径在于产业转型。参见钱勇:《国外资源型城市产业转型的实践、理论与启示》,载《财经问题研究》2005年第12期。

表4 国外资源枯竭型城市概貌

时间阶段	国家	城市及产业类型
西方工业化早期	英国	伯明翰、纽卡斯尔、加迪夫、谢菲尔德(煤矿),诺丁汉、米德尔斯堡(钢铁)
	法国	洛林(煤矿)
	德国	鲁尔区(煤矿)
	瑞典	基鲁纳(钢铁)
	美国	匹兹堡(煤炭、钢铁)、休斯敦(石油)
	加拿大	哈密尔顿(钢铁)、萨斯卡通(煤炭和钾盐)、萨特贝里(镍),卡尔加里、爱德蒙顿(石油)
殖民主义时期	巴西	奥罗普雷托(金)、贝罗奥里藏特(铁)
	玻利维亚	波托西(银)
	南非	约翰内斯堡(金)、比勒托尼亚(铁、金刚石)
	秘鲁	塞罗德帕斯科(银)
	墨西哥	特斯科科(银)、瓜纳华托(银)
	澳大利亚	布罗肯希尔(金)、本迪戈(金)
	智利	安托法加斯塔(铜)
	赞比亚	基特韦(铜)
计划经济时期	苏联	顿巴斯(煤)、库兹巴斯(煤)、巴库(石油)、磁山(铁)、米尔内(金刚石)
	前东德	莱茵区(煤)

资源枯竭型城市引发的社会问题也越发严重,这些问题又与复杂的社会政治、经济、文化、种族环境叠加,以致出现了“矿竭城衰”的困难局面,有些资源枯竭型地区甚至因为转型发展难度大而被迫放弃产

业转型。[①] 归纳起来,国外资源枯竭型城市面临的问题主要存在以下三个方面:

第一,经济衰退。

20 世纪五六十年代,德国鲁尔工业区随着煤炭工业衰落而发生了下滑。有学者统计,1957 年,鲁尔区煤矿数量是 141 个;1970 年只剩下 69 个,下降一半以上; 2000 年,则仅存 12 个。1957 年,产煤量是 12320 万吨;1970 年则下降到 9110 万吨;2000 年更是滑落到 2590 万吨,大约下降了 79% 。同时,鲁尔区占全国的经济比重日益缩水。以鲁尔区为核心的北威州,20 世纪 70 年代占有德国 GDP 的1/3,现在则只能占到 1/4 以下。[②]

第二,就业减少。

由于资源濒于枯竭加上替代能源的竞争,鲁尔区的总人口和就业人口都大幅下降。1961 年,鲁尔区的总人口为 567.4 万人,到 1987 年减少到 525.7 万人,下降了 7.3% ,其中人口下降比例最高的城市是钢铁产业最为发达的杜伊斯堡,下降比例为 20.8% 。在 1957 ~ 1972 年,资源行业的就业人数下降了 2/3。到 20 世纪 70 年代,钢铁危机发生之后,钢铁工业的就业人员也开始大幅度减少,1976 年鲁尔区钢铁产业的就业人员为 14.3 万人,到 1987 年降低到 8.2 万人,下降比例为 42.7%[③]在日本北九州,最大的工厂新日铁八幡制铁所的职工数量从 4 万人锐减到少于 1 万人,地区内大型购物场只剩下了 1 家,学校

---

① 如美国西弗吉尼亚煤矿带的 Rhodell 镇,20 世纪 30 年代发现煤矿进行全面开发,20 世纪 40 年代末 Rhodell 镇处于鼎盛时期,各类商店与娱乐服务设施齐全。20 世纪 50 年代开始,由于煤炭资源逐渐枯竭、开采难度加大,煤炭公司纷纷撤离,为之服务的人员与商业随着撤离,城镇被放弃,最终成为无人居住的鬼城(ghost town)。参见钱勇:《国外资源型城市产业转型的实践、理论与启示》,载《财经问题研究》2005 年第 12 期。

② 陈涛:《德国鲁尔工业区衰退与转型研究》,吉林大学东北亚研究院 2009 年博士学位论文,第 71 页。

③ 同上。

被迫迁离,北九州地区一片死气沉沉。① 在法国洛林地区,以铁、煤矿和纺织业为支柱产业。1954 年,这 3 个产业的就业总人数为 21.5 万人,占洛林地区全部就业人口的 68%。然而,到了 1992 年,上述 3 个行业就业人数锐减到 3.5 万人,只占工业用工总数的 19%。煤矿和铁矿原有的 6.9 万个工作岗位少了 88%,预计到 2005 年全部消失。原有的 6 万个纺织就业岗位也有 81% 不复存在。历史高峰期达到 9 万个工作岗位的冶金业现在只剩下 1 万人。1970 年,工人超过 500 人的冶金企业有 25 家,目前只剩 7 家,铁矿石年产量由过去的 5000 万吨锐减到完全停止。纺织制衣业过去有 800 家,就业人口 4.5 万人,现在只剩 350 家,就业人口 1.2 万人。②

第三,生态破坏。

德国鲁尔工业区在发展过程中,也出现了严重的生态环境问题。如地面沉降,整个区域沉降达到 4 ~ 12 米,埃森市则沉降到 19 ~ 20 米;河水污染,每年流入莱茵河的污水量达到 6 亿吨;空气污染,在多特蒙德地区,一年的尘降量达到 78 万吨以上。③ 在日本北九州,由于工业污染导致空气和水环境质量状况恶劣引发了多次公害④事件。

① 肖鹏程:《日本北九州生态城发展循环经济的经验及启示》,载《西南科技大学学报》(哲学社会科学版)2010 年第 1 期。

② 瞿伟、包卫彬:《产业结构转型为导向的我国资源型城市可持续发展模式研究——以法国洛林地区可持续发展案例为鉴》,载《中国可持续发展论坛——中国可持续发展研究会 2005 年学术年会论文集》,上海,2005 年 9 月,第 111 ~ 115 页。

③ 陈涛:《德国鲁尔工业区衰退与转型研究》,吉林大学东北亚研究院 2009 年博士学位论文,第 71 页。

④ 公害(public nuisance),凡由于人类活动污染和破坏环境,对公众的健康、安全、生命、公私财产及生活舒适性等造成的危害均为公害。日本的《公害对策基本法》将公害定义为:由于事业活动和人类其他活动产生的相当范围内的大气污染、水质污染(包括水的状态以及江河湖海及其他水域的底质情况的恶化)、土壤污染、噪声、振动、地面沉降(采掘矿物所造成的下陷除外)以及恶臭,对人体健康和生活环境带来的损害。后来,妨碍日照、通风等,也被法律规定为公害。后来,妨碍日照、通风等,也被法律规定为公害。

北九州市成为日本第一座发布烟雾警报的“七色烟城”，1968 年震惊世界的八大环境公害之一“多氯联苯污染事件”发生在北九州市、爱知县一带，受害者达 1 万多人。①

2.2.1.2 我国资源枯竭型城市的基本情况与问题

随着现代化进程的加速，我国与其他国家一样也面临着严重的资源枯竭型城市问题，为此，我国政府设定了具体的资源枯竭型城市名录以实施有针对性的产业援助政策。

表 5　2008 年、2009 年、2011 年三批确定的资源枯竭型城市名单

所在省	首批	第二批	第三批	林区参照享受政策城市
河北省		下花园区	井陉矿区	
		鹰手营子矿区		
山西省		孝义市	霍州市	
内蒙古自治区		阿尔山市	乌海市	牙克石市
			石拐区	额尔古纳市
				根河市
				鄂伦春旗
				扎兰屯市
辽宁省	阜新市	抚顺市		
	盘锦市	北票市		
		弓长岭区		
		杨家杖子区		
		南票区		

① 肖鹏程：《日本北九州生态城发展循环经济的经验及启示》，载《西南科技大学学报》（哲学社会科学版）2010 年第 1 期。

续表

所在省	首批	第二批	第三批	林区参照享受政策城市
吉林省	辽源市	舒兰市	二道江区	
	白山市	九台市	汪清县	
		敦化市		
黑龙江省	伊春市	七台河市	鹤岗市	逊克县
	大兴安岭地区	五大连池市	双鸭山市	瑷辉区
				嘉荫县
				铁力市
江苏省			贾汪区	
安徽省		淮北市		
		铜陵市		
江西省	萍乡市	景德镇市	新余市	
			大余县	
山东省		枣庄市	新泰市	
			淄川区	
河南省	焦作市	灵宝市	濮阳市	
湖北省	大冶市	黄石市	松滋市	
		潜江市		
		钟祥市		
湖南省		资兴市	涟源市	
		冷水江市	常宁市	
		耒阳市		
广东省			韶关市	
广西壮族自治区		合山市	平桂管理区	

续表

所在省	首批	第二批	第三批	林区参照享受政策城市
海南省			昌江县	
重庆市		万盛区	南川区	
四川省		华蓥市	泸州市	
贵州省		万山区		
云南省	个旧市	东川区	易门县	
陕西省		铜川市	潼关县	
甘肃省	白银市	玉门市	红古区	
宁夏回族自治区	石嘴山市			

注：与2013年《全国资源型城市可持续发展规划(2013～2020年)》相比，城市名单变动不大。

这些资源枯竭型城市也呈现出自身的特点。如67座城市(地区)中，分布在东北老工业基地的就有24座，占总数的36%。资源枯竭型城市数量最多的黑龙江省有10座，占总数的15%。中部6省①的资源枯竭型城市有20座，占总数的30%。我国东部地区8省2市②总计9座，占总数的13%。显然，中国资源枯竭型城市分布大体上反映了各地区的能源储量格局，也在一定程度上印证了“资源诅咒”假说。资源的丰厚并未成为地区发展的优势，反倒成为地区产业发展畸形、不可持续的原因。进一步反思发现，这样的分布特征更不利于资源枯竭型城市转型与发展，因为，我国东西部地区存在巨大的经济社会发展差距，容易导致“越开采越贫困，越贫困越难以治理”的

① 山西省、河南省、湖北省、湖南省、江西省、安徽省。

② 北京市、天津市、河北省、山东省、江苏省、上海市、浙江省、福建省、广东省、海南省。

局面。

具体来看,我国资源枯竭型城市存在的问题主要有:

第一,发展问题。

我国资源枯竭型城市面临的一个重要问题在于经济增长乏力。由于过去偏重于资源型经济的发展,造成产业单一,与资源绑定关系密切,所以很容易出现“矿竭城衰”的现象。以煤炭型城市为例,煤炭城市采掘业比重一般占到工业比重的38%,电力工业比重达到13%,煤炭和电力工业总比重超过50%。① 有学者在对17个典型资源枯竭型城市跟踪调查后指出,2007年,这些资源型枯竭型城市3大产业产值的比重分别为5.2%、58.9%、35.9%,与全国水平相比,第一产业产值占GDP比重极低,第二产业产值占GDP比重畸高,第三产业扩张速度缓慢。② 畸形的产业结构在出现资源枯竭时,就容易导致经济衰退。有数据显示,“九五”期间,一些典型的煤炭城市,如北票市、双鸭山市、阜新市等都不同程度上出现了发展停滞。其中,北票市一度出现了负增长。③

第二,民生问题。

城市中资源型企业的关停并转,以及关联产业的萧条,很容易导致种种民生问题。在就业方面,与庞大的失业人数相比,资源枯竭型城市的再就业率一直较低。根据抽样调查数据分析,资源枯竭型城市的再就业率比非资源枯竭型城市低4个百分点左右。更为严重的是,

---

① 陈新生:《资源枯竭型城市的多维生态型研究》,南京林业大学风景园林学院2013年博士学位论文,第17页。

② 陈慧女:《中国资源枯竭型城市的产业转型》,中国社会科学出版社2012年版,第92页。

③ 孙淼:《资源枯竭型城市可持续发展调控研究》,东北师范大学经济学院2005年博士学位论文,第22页。

资源枯竭型城市的再就业率只有38.67%。[①]

第三,环境问题。

我国资源枯竭型城市的环境污染与生态破坏问题也非常严重。例如,在土地沉降方面,据1998年的调查,每开采1万吨煤将引发地面沉降3亩。截至2001年,双鸭山塌陷区面积达到62平方公里,大同市形成采空区将近4.5万公顷,孝义市土地踩空面积有1.5万公顷;在水资源破坏方面,数据显示,山西主要的矿产区有近40%的地方严重缺水,其余60%水质普遍不佳。[②]

总之,无论是在国外还是国内,很多城市都面临着资源产业枯竭、城市发展困境。这些产业、生态、民生问题在与各国具体的政治、经济、文化结构渗透互动后不断发酵,成为影响深远的严重社会议题。不仅需要投入大量技术、资金、人力进行援助、转型,更需要有稳定的制度保障以明确权利和义务,约束开发利用行为,从而形成资源枯竭型城市可持续发展的制度保证,这成为资源枯竭型城市可持续发展法治的现实动因。

2.2.2 资源枯竭型城市治理策略转换的需要

资源枯竭型城市可持续发展法治的紧迫性、必要性,一方面植根于严峻的社会现实,另一方面则是制度保障模式转换的需要。因为,从制度层面讲,资源枯竭型城市的种种问题其产生、发展的原因主要在于缺乏切实有效的法律规范、约束和控制机制。[③] 而一旦传统以政策为中心的治理策略不负重任,就应该及时进行策略转换,以更为稳

---

① 韩冰:《资源枯竭型城市促进就业中的政府责任与对策研究》,吉林大学行政学院2012年博士学位论文,第49~50页。

② 孙淼:《资源枯竭型城市可持续发展调控研究》,东北师范大学经济学院2005年博士学位论文。

③ 张复明:《资源型区域面临的发展难题及其破解思路》,载《中国软科学》2012年第6期。

定、积极的法治手段为主展开制度重构。

2.2.2.1 传统上以政策为中心的治理策略之弊端

对资源枯竭型城市可持续发展而言,早期的政策资源投入是具有一定合理性和政策优势的,特别是对于那些政府主导型发展的国家。如1962~1991年,为了解决北九州资源枯竭型城市转型发展问题,日本政府先后9次修订了国内的煤炭政策。对确保煤炭供给,维持地区经济发展,调整国内煤炭工业的结构起到了重要作用。[①] 德国政府也是如此,对于鲁尔区的可持续发展,联邦政府、州政府、区政府和市政府等多个层次设定了各种政策措施。如联邦政府主要负责综合调控、制订基本发展原则以及联邦空间结构发展计划;州政府则负责制定州政府的原则和目标,譬如定义再开发中心区、发展轴向、土地类别,决策联邦州再开发项目等;鲁尔区政府负责制订区域及次区域再开发计划;市政府负责确定城市发展规划、城市土地使用规划和原则。[②] 这些政策措施的实施产生了积极的社会效果,取得了很大的成就。

之所以先期阶段性政策投入具有合理性,主要是因为政策工具与其他治理手段相比较具有一定优势。如现实性和有效性的统一、稳定性和变通性的统一、原则性和灵活性的统一、层次性和相关性的统一、时间性和空间性的统一、系统性和权威性的统一等。这些特点一方面为迅速解决资源枯竭型城市问题提供了政策方案,表明了政府的积极态度,也较好地回应了公众的要求;另一方面这种层次性、灵活性、变通性,事实上为资源枯竭型城市治理的实践探索提供了有力支持,政策转换的社会成本相对较低,也不至于引发太大的社会抗议,所以,政

① 通产省资源能源厅石炭部:『コール・ノート』、资源产业新闻社、1995年版,第62页。

② 陈涛:《德国鲁尔工业区衰退与转型研究》,吉林大学东北亚研究院2009年博士学位论文,第92页。

策在一定阶段确实成为了资源枯竭型城市治理的核心工具。

然而,也正是因为政策的变动性,从长远来看反倒容易成为稳定治理的障碍。细观日本、德国的相关政策,虽然取得较好的成效,但由于这些政策时间跨度大、产业变化快等因素,导致没有整体统一的思路,在政策着力点、制度设计、基本策略上阶段性差异明显,甚至前后矛盾。一个明显的例子是指导思想的变迁,以往政策调整的重点在于强化传统产业的核心竞争力,不断给予不同程度的补贴,避免外部竞争,限制替代能源使用等。而随着对资源枯竭的认识日益加深,政府才意识到,矿产总有一天会消耗殆尽,资源枯竭型城市的可持续发展之路必然是两方面的结合,一是提升传统产业效率,二是发展新兴产业,到了资源枯竭阶段更为重要的是进行经济转型、民生转型、社会转型和生态转型。换言之,政策有时会对资源枯竭型城市治理带来误导效应。

与我国的情况类似。改革开放前后资源型地区治理政策不同,改革开放期间也呈现出阶段性差异,即使是真正明确了展开资源枯竭型城市治理任务的阶段(2001 年开始①),政策变化也很大。因此,从长远来看,政策工具的使用需要结合法治工具,做到稳定性和变通性、原则性和灵活性相统一,这就呼吁进行保障模式的转换和制度重构,以适应新的社会形势。

2.2.2.2　现代以法治为中心的治理策略所具有的独特功能优势

在资源枯竭型城市转型与发展的新阶段,以法治为中心的治理策略将逐渐发挥功能优势,并替代传统政策依赖型治理,跃升为资源枯

① 进入 21 世纪中国资源型地区,特别是东北地区的煤炭产地,资源枯竭问题突出地显示出来,引起了国务院的高度重视。解决问题和出台政策是从个别资源枯竭型城市经济转型工作开始的。2001 年年底,国务院决定在辽宁阜新市开展“资源枯竭型城市”经济转型试点。参见李立:《中国资源枯竭型地区经济转型政策研究》,中国地质大学经济管理学院 2010 年博士学位论文,第 40 页。

竭型城市可持续发展保驾护航的关键力量。具体来看，其独特的功能优势主要体现在以下 3 个方面：

第一，以法治为中心的治理策略，能够以明确的制度规范约束各类利益主体行为。资源枯竭型城市可持续发展涉及社会的方方面面，既包括不同层级的政府、政府部门，也包括社会的组织、单位、企业，还包括为数众多的公众以及公众的组织形式——社会团体。它涉及复杂的利益矛盾：资源开发与补偿之间的矛盾、资源产业衰退与援助的矛盾、传统与新兴产业转型替代的矛盾、资源经济利用与生态治理修复之间的矛盾、城市经济发展停滞与民生之间的矛盾、城市可持续发展的投入与转型模式之间的矛盾等。① 因此，以法治形式而不是政策形式，通过制度规范明确各类主体的权利、义务、职责、责任等，衡平各方利益，规范和约束相关行为，需要凸显法治的作用。

第二，以法治为中心的治理策略，有助于克服传统政策依赖型导致的短期性、不稳定性，使之朝着稳定方向发展。一方面，法治的稳定性可以稳定社会预期。法治的稳定性，使一定时空范围内，法治权利义务保持不变，从而使人们对法治的赋权、履义与责任有着清晰认识，更容易从长远角度出发考虑当下行为的合理性。另一方面，以法治为中心的治理策略的一个重要作用在于避免政策多变和个人意志干扰。政策工具具有短期效应和变动特征，关键在于制定政策的主体意志和思想认识的变化，亦即在非民主社会中容易出现决策的单极化，在民主社会中容易出现决策的低效率。只有通过法治明确中央和地方的法定职能，制度实施的实体和程序规范才能规避单极化决策危害。

第三，以法治为中心的治理策略，能有效推动资源枯竭型城市可持续发展的稳步展开。通过法治的手段，有助于进一步确立治理的目

① 杜辉：《资源型城市可持续发展保障的策略转换与制度构造》，载《中国人口·资源与环境》2013 年第 2 期。

标、手段、原则、制度,增强治理的效率,提升行政部门工作效率。事实上,国外也在积极地运用法治手段展开相关救助和治理活动,推进城市可持续发展振兴战略。如德国《鲁尔区域整治规划》《煤矿调整方案》《矿山还原法》;日本《北九州市公害防止条例》;美国《矿物租借法》《联邦煤矿租赁法修正案》等。由此,形成了资源枯竭型城市可持续发展的相关立法。

总之,传统以政策为中心的治理策略存在若干不足,而现代以法治为中心的治理策略正好可以发挥其独特功能优势予以补正,从而在制度层面形成了保障模式转换的需要。制度需要加上现实需要,共同为资源枯竭型城市可持续发展法治提供了合理性依据。

2.3 资源枯竭型城市可持续发展法治的制度价值

在理论层面,资源枯竭型城市可持续发展法治不仅需要探讨法治的必要性、可能性,也需要探讨法治的内在逻辑和制度价值。"法的价值是社会价值系统中的子系统。"①它体现了作为法律关系主体的人与客体的法之间内在的价值意义,也体现了法的功能属性。在当代中国,资源枯竭型城市可持续发展法治的制度价值主要体现为法的目的价值体系②,如对秩序的维护,对自由的保障,对效率的促进,对正义的全面实现,对人权的保护等,显现了资源枯竭型城市可持续发展法治所追求的社会目的和创制实施的宗旨。

---

① 张文显:《法理学》(第3版),法律出版社2011年版,第293页。

② 法的价值体系可以分为:法的目的价值体系、法的形式价值体系、法的评价标准体系。参见张文显:《法理学》(第3版),法律出版社2011年版,第298~302页。

2.3.1 秩序价值

资源枯竭型城市出现的产业、社会、生态等种种问题其根源在于对自然资源的无序开采,因此,资源枯竭型城市可持续发展法治的首要价值是树立资源开发与保护、节约与综合利用、转型与发展的秩序。具体来看,资源枯竭型城市可持续发展法治的秩序价值主要体现在以下3个方面:

2.3.1.1 资源开发与保护秩序

资源枯竭型城市可持续发展法治的一个重要方面是确立开发秩序约束机制、产品价格形成机制和资源开发补偿机制。在资源开发利用上,资源枯竭型城市可持续发展法治的价值在于,清晰安排相关主体的权利和义务,规范和约束自然资源开发利用行为,使之朝着资源可持续发展方向迈进。其着力点主要在于,科学规划引导开发时序和强度,严格准入执行矿产资源勘查开发分区管理,同时,在实施过程中按照预防为主的原则,执行环评和"三同时"制度,从而促进资源开发和城市发展相协调。就产品价格形成机制而言,重在通过深化有偿使用制度改革将环境成本内化,制定环境成本财务核算办法,科学估算资源性产品成本,将矿业权取得成本、自然资源开发利用成本与生态环境、安全生产成本,都纳入资源性产品成本构成。就资源开发补偿机制而言,重在明确各方主体在环境保护与生态建设上的义务与责任,对自然资源开发过程中对生态环境的破坏,依法予以修复治理。

2.3.1.2 节约与综合利用秩序

节约与综合利用秩序强调按照清洁生产与循环经济要求,引导和促进资源开发利用行为。第一,提倡矿业领域的清洁生产。通过改进设计、采用先进工艺、使用清洁原料等措施,从源头预防污染发生。第二,提高矿产采选回收水平,提升开采回采率,更好地利用低品位矿产资源。第三,突出资源循环利用。在开采、加工过程中进行减量化、再利用、资源化活动，减少资源消耗和废弃物的产生。

2.3.1.3 转型与发展秩序

转型与发展秩序主要强调对传统产业实施援助，对新兴产业予以促进，使新老产业接替有序展开。第一，应规范传统产业退出机制。不能简单地关停并转，而是应该考虑原有产业的投资权益、历史遗留问题的解决，尽量延缓产业衰退的时间和减弱衰退引发的社会负面影响。第二，有序推进新兴产业发展。结合政府推动与市场机制，促进新兴产业发展，引导和鼓励生产要素向资源枯竭型城市集聚。

总之，从无序到有序，从不规范到规范，是资源枯竭型城市可持续发展法治的主要目的。只有通过依法治理，树立资源开发与保护、节约与综合利用、转型与发展的秩序，才能切实推动资源枯竭型城市的可持续发展。

2.3.2 正义价值

资源枯竭型城市的出现及其引发的严重社会问题不仅损害了秩序价值，也损害了社会正义原则。资源枯竭型城市因主体资源开发利用完毕、资源型产业衰退导致的诸如，失业率增加、社区居民生活贫困、医疗和社会保障不足等非正义现象，会激化社会矛盾，导致比产业衰退更为严重的社会后果，而实施资源枯竭型城市可持续发展法治就可以通过法治手段化解矛盾，恢复正义。具体来看，资源枯竭型城市可持续发展法治的正义价值主要体现在以下3个方面：

2.3.2.1 经济正义

资源枯竭型城市可持续发展法治的经济正义价值主要在于两个方面：目的正义和手段正义。就目的正义而言，主要是指资源枯竭型城市可持续发展法治规定的制度，例如，所有制（如矿产资源所有权）和分配制度上是否符合正义原则或者是否趋向以实现正义为目标和理由。就手段正义而言，主要是指资源枯竭型城市可持续发展过程中在所有制及其分配上的规定、调整、完善，是如何实现经济正义的。两者互为补充，相互影响，只有当两个方面在都获得实质性推动，才能说，有关资源枯竭型城市的制度安排不仅仅是形式上的调整，而是内在的赋有正义的完善。

2.3.2.2 环境正义

资源枯竭型城市可持续发展法治的一个重要目标就是扭转恶劣的环境污染与生态破坏形势，实现环境正义。为此，法治将从矿山地质环境恢复治理、重点污染物防治、节能减排、重点地区生态建设等几方面入手展开生态修复与环境整治，解决历史遗留问题，恢复矿山地质环境。

2.3.2.3 社会正义

资源枯竭型城市可持续发展法治的制度构建还应以实现社会正义价值为目标。其关键在于保护弱势群体的权利。第一，客观看待资源枯竭型城市发展过程中存在的社会不公现象。对利益分配畸形予以调整，对社会公正予以关注。第二，给予弱势群体，如矿业企业下岗职工以政策优惠，推动诸如，扩大社会保障、提供基本救助、保障低收入人群基本生活、棚户区改造等措施的有效展开。

2.3.3 永续发展价值

资源枯竭型城市可持续发展法治将以可持续发展为基本理念，通过产业转型、环境保护、社会保障等方面的制度规范，推动资源枯竭型城市摆脱“资源诅咒”现象和城市生命周期律，加强对历史遗留问题的解决，进而实现当代人和后代人对城市的公平分享，当代人之间的公平拥有以及人与自然的和谐共生。具体来看，资源枯竭型城市可持续发展法治在可持续发展方面的价值在于以下几个方面。

2.3.3.1 资源角度

资源枯竭型城市可持续发展法治将推动资源的可持续利用。第一，对现有自然资源的开采利用，应当遵循保护优先、预防为主的原则，综合利用、合理开发的要求，不断提升使用效率，使城市的发展立足于自身内在资源潜力的基础之上。第二，不断合理地开发利用清洁能源，推动新兴能源的发展，从而双向地改善城市能源结构。

2.3.3.2 生态角度

资源枯竭型城市可持续发展法治的目的之一在于推动环境治理。第一，修复整治历史遗留的老工业区环境问题，进行矿山地质环境恢复治理、重点污染物防治、节能减排、重点地区生态建设，从而大幅度地改善污染状况，提升环境质量。第二，加强基础设施建设，树立资源开发与保护、节约与综合利用、转型与发展的秩序，预防新的污染发生。

2.3.3.3 经济角度

资源枯竭型城市可持续发展法治也将推动产业升级转型，推动接续产业的发展崛起，从而在经济层面推动城市经济社会发展的可持续。具体来说，就是以生产流通为中心环节，协调分布第一、第二、第三产业，使资源枯竭型城市的外在特征与内在结构、新的功能与原有机制、外部环境与内部制度之间和谐一致，使整个城市生机勃勃，朝着更有效率、持续和创新的发展方向前进。

3. 资源枯竭型城市可持续发展法治的现状及实效

因资源枯竭引发的生态环境破坏、经济增长停滞、社会发展不协调等城市问题，从制度层面而言，主要是缺乏有效的制度规范、约束、调控。[①] 这一问题又可以细分为两个方面：第一，是因法治本身不完善而导致的，包括法治的目的理念、体系结构、原则制度等存在缺陷引发的。第二，是因法治在具体运行过程中出现的种种偏差，如执法不严、法律适用不当等导致的。依循这样的思路，应首先对现有资源枯竭型城市可持续发展法治进行梳理，并在田野调查基础上，客观分析法治实施过程中取得的成效与问题，从而形成对资源枯竭型城市可持续发展法治现状与实效的清晰认识。

---

① 张复明：《资源型区域面临的发展难题及其破解思路》，载《中国软科学》2012 年第 6 期。

3.1 资源枯竭型城市可持续发展法治现状

在经历了若干年的实践探索以后，我国已初步形成了以国务院两个重要文件①为政策基础，以环境治理、经济转型和社会保障为主要内容，覆盖准入与开发、拓展与扶持、转型与退出全过程的资源枯竭型城市治理规则体系。不过，从规范路径选择上看，政策指导被倚重，而专门的立法尚未有效推动。现有国务院《关于促进资源型城市可持续发展的若干意见》和《全国资源型城市可持续发展规划（2013～2020年）的通知》只是层级很高的政策引导，资源枯竭型城市治理从理念到行动、从形式到内容、从总体规划到具体措施都没有清晰、明确的法律依据和准则，也没有严格的绩效考核和责任追究机制。虽然，2009年，在国家发改委主导下，已经将相关立法列入国务院立法规划，并展开了大量前期调研和准备工作，但从总体上来看，法治的推进速度仍然较为缓慢。在这种情况下，对现有资源枯竭型城市可持续发展法治进行梳理并不是就专门立法而言，而是紧紧围绕资源枯竭型城市可持续发展法治的主要内容展开，分别就有序开发综合利用资源、构建多元化产业体系、切实保障和改善民生、加强环境治理和生态保护、财政转移支付和征收资源税费等方面进行系统归纳。

3.1.1 有序开发综合利用资源方面的法治

从行为上理解，资源型城市之所以不断演化为资源枯竭型城市，

① 分别是《国务院关于促进资源型城市可持续发展的若干意见》（国发〔2007〕38号）和《国务院关于印发全国资源型城市可持续发展规划（2013～2020年）的通知》（国发〔2013〕45号）。

关键在于资源开发利用的过度与无序。正是因为缺乏开发秩序的有效管控,导致产品价格扭曲、资源开发无法获得合理补偿,利益分配机制失衡。所以,从源头上看,法治的重点应针对资源开发利用行为,使其有序展开。

从我国现有法治情况来看,经过新中国70年的发展,资源有序开发和综合利用方面的制度建设正逐步得到加强,并开始迈入法治化、规范化轨道。国务院《中国的矿产资源政策》白皮书指出,我国已经建立了以宪法为基础,以《矿产资源法》为核心,包含众多相关法律法规的矿产资源开发利用法治体系。其中,相关的法律主要有:《宪法》《矿产资源法》《土地管理法》《煤炭法》《矿山安全法》等;相关行政法规主要有:《矿产资源开采登记管理办法》《矿产资源法实施细则》《探矿权采矿权转让管理办法》《矿产资源补偿费征收管理规定》《对外合作开采陆上石油资源条例》《矿产资源勘查区块登记管理办法》《对外合作开采海洋石油资源条例》《矿产资源监督管理暂行办法》《地质资料管理条例》等。这些法规及其形成的体系化效应,为实现资源有序开采通过了法律保障。

表6 有序开发综合利用资源方面的主要法律法规

成文法形式	法律法规名称	与开发利用自然资源相关的内容
宪法	《宪法》	自然资源产权制度、合理利用义务
法律	《矿产资源法》	勘查登记、开采审批、法律责任
	《土地管理法》	土地的所有权和使用权、总体规划、耕地保护、建设用地、监督检查、法律责任
	《煤炭法》	开发规划、监督检查、煤炭生产安全、煤矿矿区保护、煤炭经营、法律责任
	《矿山安全法》	建设安全、开采安全、安全管理、监督管理、事故处理、法律责任

续表

成文法形式	法律法规名称	与开发利用自然资源相关的内容
行政法规	《矿产资源法实施细则》	矿产资源的勘查、开采审批、矿产资源的开采、集体所有制矿山企业、私营矿山企业和个体采矿者、法律责任
	《对外合作开采海洋石油资源条例》	石油合同各方的权利和义务、石油作业
	《对外合作开采陆上石油资源条例》	外国合同者的权利和义务、石油作业、争议的解决、法律责任
	《矿产资源勘查区块登记管理办法》	区块登记管理、颁发勘查许可证、探矿权申请人、探矿权使用费、最低勘查投入
	《矿产资源开采登记管理办法》	采矿许可证、划定矿区范围、采矿许可证有效期、采矿权有偿取得制度、采矿权使用费、采矿权价款
	《探矿权采矿权转让管理办法》	转让办法、探矿权、采矿权、取得方法、招标管理
	《矿产资源补偿费征收管理规定》	资源补偿费的计征方法、缴纳人、费率、征收部门、缴纳时间、减免情况、滞纳金、处罚
	《矿产资源监督管理暂行办法》	部门职责、测量机构职责、加强开采管理、回采率、采矿贫化率和选矿回收率、报销矿产储量
	《地质资料管理条例》	资料汇交范围、汇交、保管和利用

除了宪法、法律和行政法规，有序开发综合利用资源方面的法律法规还包括地方性法规和行政规章等。地方性法规的作用主要在于推动宪法、法律、行政法规的有效实施，涉及矿产资源规划、矿产资源勘查、矿产资源开采、监督检查、法律责任等诸多方面，例如《湖南省矿产资源管理条例》《重庆市矿产资源管理条例》《广东省矿产资源管

理条例》《海南省矿产资源管理条例(修订)》《河北省矿产资源管理条例》《江西省矿产资源开采管理条例》《宁夏回族自治区矿产资源管理条例》《新疆维吾尔自治区矿产资源管理条例》《浙江省矿产资源管理条例》等。

行政规章也是有序开发综合利用资源立法的重要组成部分,它包括部门规章和政府规章两种类型。主要的部门规章包括《外商投资矿产勘查企业管理办法》《矿产资源规划编制实施办法》《矿产储量评估师执业资格制度暂行规定》《矿产资源勘查采矿登记收费标准及其使用范围的暂行规定》《矿产资源补偿费征收管理核算规定》《矿产资源补偿费使用管理办法》《矿产勘查各阶段选冶试验程度的暂行规定》《矿产勘查各阶段矿床技术经济评价的暂行规定》《矿产资源补偿费使用管理暂行办法》《矿产资源储量评审认定办法》等。

通过这些有序开发综合利用资源方面的立法,不仅明确了矿产资源有序开发的理念和原则,也逐步确立了矿产资源开发利用的基本法律制度。这些制度主要包括矿产资源规划、国家所有有偿使用制度、矿业权流转制度、矿产资源登记制度、矿产资源勘查制度、矿产资源开采制度等。通过这些基本制度的建构,已经形成了一定的矿产资源开发秩序约束机制和开发补偿机制,从而有利于资源枯竭型城市的可持续发展。

表7　基本法律制度其相关法律规定

基本制度	相关法律规定
矿产资源国家所有权制度	《宪法》第9条、《矿产资源法》第3条
矿产资源规划管理制度	《矿产资源法》第7条、第10条、第17条等
矿产资源有偿使用制度	《矿产资源法》第5条、第28条
矿业权流转制度	《矿产资源法》第4条

续表

基本制度	相关法律规定
矿产资源登记制度	《矿产资源法》第3条、第15条
矿产资源勘查制度	《矿产资源法》第23条、第24条、第25条、第26条、第27条、第28条
矿产资源开采制度	《矿产资源法》第29条、第31条、第34条

3.1.2　构建多元化产业体系方面的法治

除了有序开发综合利用资源方面的法治，资源枯竭型城市可持续发展法治关注的重点还应包括衰退产业结构调整与替代产业培育方面的内容。因为，资源枯竭型城市的兴起、发展与衰落往往与特定的产业紧密相关，资源枯竭型城市运行的生命周期嵌入在产业发展的周期之中，呈现出起步或形成期→成长期→成熟期→转型期或衰退期4个阶段，这是资源枯竭型城市发展的内在规律。所以，从产业法治角度而言，资源枯竭型城市可持续发展法治重在两个方面：第一，是针对传统衰退产业的调整和援助。第二，是促进替代产业的培育和发展。其法治目的是帮助衰退产业实行有序的收缩和资本等生产要素存量向其他迅速成长的产业有效转移，并避免调整过程中的社会动荡，降低产业调整中发生的费用。①

自20世纪90年代以来，我国陆续制定了一些有关产业调整方面的法律法规。主要有：国家体改委等几个部委联合发出的《关于企业兼并的暂时办法》（1989年）；《国家高新产业技术开发区若干政策的暂行规定》（1991年）；《中共中央、国务院关于加快发展第三产业的决定》（1992年）；《科学技术进步法》、《全国第三产业发展规划基本思路》（1993年）；《汽车工业产业政策》（1994年）；《指导外商投资方向暂行规定》（1995年，后被2002年《指导外商投资方向规定》所取

① 姜昕：《产业政策法》，中国社会科学出版社2008年版，第65页。

代);《外商投资产业指导目录》(1995 年,后分别被 1997 年和 2002 年发布的《外商投资产业指导目录》所取代);《促进科技成果转化法》(1996 年);《水利产业政策》(1997 年);《节约能源法》(2008 年);《当前优先发展的高技术产业化重点领域指南》《关于当前调整农业产业结构的若干意见》(1999 年);《鼓励软件业和集成电路产业发展的若干政策》《关于组织国家高技术产业发展项目计划实施意见》《当前国家重点鼓励发展的产业、产品和技术目录》(2000 年);《关于加快发展环保产业的意见》《中西部地区外商投资优势产业目录》《"十五"期间加快发展服务业若干政策措施的意见》(2001 年);《国家产业技术政策》《清洁生产促进法》《中小企业促进法》(2002 年)①;《农业机械化促进》(2004 年);《可再生能源法》(2005 年);《循环经济促进法》(2008 年);等等。

与资源枯竭型城市衰退产业结构调整与替代产业培育方面直接相关的立法,主要由两部分构成:第一,是有关衰退产业结构调整的立法,包括《节约能源法》《环境保护法》《大气污染防治法》《促进科技成果转换法》《固体废物污染环境防治法》《水污染防治法》等,还包括相关部门制定的《淘汰落后生产能力、工艺和产品的目录》。

表 8 有关衰退产业结构调整的立法及相关法律规定

法律法规名称	相关法律规定
《节约能源法》	《节约能源法》第 16 条、第 17 条
《环境保护法》	《环境保护法》第 46 条
《大气污染防治法》	《大气污染防治法》第 27 条
《促进科技成果转换法》	《促进科技成果转换法》第 13 条
《固体废物污染环境防治法》	《固体废物污染环境防治法》第 28 条
《水污染防治法》	《水污染防治法》第 51 条

① 王先林:《产业政策法初论》,载《中国法学》2003 年第 3 期。

第二,则是有关新兴产业促进的立法,包括《科学技术进步法》《促进科技成果转换法》《中小企业促进法》《清洁生产促进法》《循环经济促进法》《可再生能源法》等,其目的都在于增强科技创新能力,提升产业竞争力,实现产业多元发展和优化升级。

值得指出的是,我国并没有严格意义上的衰退产业调整法,特别是援助型法律。关于衰退产业的定性、产业结构深化调整方向、相应的救助对策措施等,仍然处于无法可依的状态,亟须就此展开相关立法。

表 9 有关新兴产业促进的立法及相关法律规定

法律法规名称	相关法律规定
《科学技术进步法》	《科学技术进步法》第 4 条、第 18 条
《促进科技成果转换法》	《促进科技成果转换法》第 7 条
《中小企业促进法》	《中小企业促进法》第 5 条、第 29 条、第 31 条
《清洁生产促进法》	《清洁生产促进法》第 7 条、第 11 条
《可再生能源法》	《可再生能源法》第 4 条、第 10 条

3.1.3 切实保障和改善民生方面的法治

就资源枯竭型城市而言,其面临的发展困境不仅仅是单一的产业结构调整问题,也涉及深层次的社会保障与民生议题。由于城市中资源型企业的关停并转,以及关联产业的萧条,很容易导致种种民生问题。根据人力资源和社会保障部对 66 个城市抽样调查所作的数据分析,非资源枯竭型城市下岗失业者的再就业率达到 46.99%,而资源枯竭型城市的再就业率仅有 42.65%,较比非资源枯竭型城市低了 4.3%。在资源枯竭型城市内部,下岗失业者再就业比例也有较大差别:处于中期阶段的资源型城市下岗失业者的就业率,一般会达到

45.51%,处于后期阶段的资源型城市即资源枯竭型城市的再就业率仅达到38.67%。[①] 在这种情况下,通过法治积极扩大就业,提升社会保障水平,完善基本公共服务,改善生产生活环境,促进社会和谐稳定就显得尤为重要。

从我国现有法治情况来看,经过多年的发展,政府保障和改善民生的努力正逐步走向法治化、规范化轨道,相关的法治围绕促进就业和再就业、加快棚户区改造、加强社会保障和医疗卫生服务、营造安全和谐的生产生活环境等方面积极展开。如关于促进就业和再就业方面的法律法规主要有:《职业教育法》(1996 年)、《就业促进法》(2007 年)、《残疾人就业条例》(2007 年)等;关于加快棚户区改造的主要有:《国务院关于加快棚户区改造工作的意见》(2013 年)、《国务院办公厅关于进一步加强棚户区改造工作的通知》(2014 年);关于加强社会保障和医疗卫生服务的主要有:《失业保险条例》(1999 年)、《社会保险费征缴暂行条例》(1999 年)、《工伤保险条例》(2003 年)、《社会保险法》(2010 年)、《社会救助暂行办法》(2014 年);关于营造安全和谐的生产生活环境的主要有:《矿山安全法》(1992 年)、《安全生产法》(2002 年)、《特种设备安全法》(2013 年)等。不过,仍然应该指出的是,这些立法虽然涉及资源枯竭型城市保障和改善民生的诸多方面,但它们都较为分散,现阶段我国尚无一部专门针对资源枯竭型城市保障和改善民生的法律法规。

---

① 韩冰:《资源枯竭型城市促进就业中的政府责任与对策研究》,吉林大学行政学院 2012 年博士学位论文,第 49 ~ 50 页。

表 10 切实保障和改善民生方面的立法

主题	法律法规名称	与保障和改善民生方面相关的内容
促进就业和再就业	《职业教育法》	《职业教育法》第 3 条、第 17 条
	《就业促进法》	《就业促进法》第 52 条、第 53 条、第 55 条、第 56 条、第 57 条
	《残疾人就业条例》	《残疾人就业条例》第 8 条、第 15 条
加强社会保障和医疗卫生服务	《失业保险条例》	《失业保险条例》第 14 条
	《社会保险费征缴暂行条例》	《社会保险费征缴暂行条例》第 3 条
	《工伤保险条例》	《工伤保险条例》第 30 条
	《社会保险法》	《社会保险法》第 2 条
	《社会救助暂行办法》	《社会救助暂行办法》第 3 条、第 9 条
营造安全和谐的生产生活环境	《矿山安全法》	《矿山安全法》第 3 条、第 7 条、第 8 条
	《安全生产法》	《安全生产法》第 1 条、第 3 条、第 4 条、第 5 条
	《特种设备安全法》	《特种设备安全法》第 3 条、第 4 条、第 5 条、第 7 条

3.1.4 加强环境治理和生态保护方面的法治

资源枯竭型城市在发展过程中也伴生着诸如矿山地质环境破坏、水、土壤污染严重、水土流失等生态环境问题。为了实现城市的绿色发展、循环发展、低碳发展，需要切实解决生态环境问题，为资源枯竭型城市可持续发展提供支撑。因此，在推进资源枯竭型城市经济转型、社会保障的同时，也需要通过法治规范环境治理行为，加强矿山地质环境恢复治理、强化重点污染物防治、大力推进节能减排、促进重点地区生态建设。

经过几十年的发展，我国环境法治体系已经初步形成，环境污染防治与自然资源保护相关立法都得到了系统推进。除了综合性的《环境保护法》,环境污染防治方面的立法主要有:《大气污染防治法》《固体废物污染环境防治法》《水污染防治法》《放射性污染防治法》《海洋环境保护法》《环境噪声污染防治法》等;自然资源保护方面的立法主要有:《水法》《矿产资源法》《土地管理法》《防沙治沙法》《水土保持法》《森林法》《渔业法》《草原法》《野生动物保护法》等。

而针对资源枯竭型城市环境治理和生态保护方面并没有专门的立法,只能从内容相关性角度进行归纳。关于加强矿山地质环境恢复治理的法律法规主要有:《矿产资源法》《水土保持法》《地质灾害防治条例》《土地复垦条例》等;关于强化污染防治的主要有:《固体废物污染环境防治法》《水土保持法》《海洋环境保护法》等;关于推进节能减排的主要有:《科学技术进步法》《促进科技成果转换法》《中小企业促进法》《清洁生产促进法》《循环经济促进法》《可再生能源法》等。

表 11　加强环境治理和生态保护方面的立法

主题	法律法规名称	具体规定
矿山地质环境恢复治理	《矿产资源法》	《矿产资源法》第 15 条、第 21 条、第 32 条
	《水土保持法》	《水土保持法》第 34 条
	《地质灾害防治条例》	《地质灾害防治条例》第 5 条、第 35 条
	《土地复垦条例》	《土地复垦条例》第 3 条、第 4 条、第 10 条
污染防治	《矿产资源法》	《矿产资源法》第 32 条
	《固体废物污染环境防治法》	《固体废物污染环境防治法》第 36 条、第 73 条
	《水土保持法》	《水土保持法》第 28 条

3.1.5 财政转移支付与征收资源税费方面的法治

由于资源枯竭型城市自身造血功能有限，因此，资源枯竭型城市可持续发展离不开外部的财政援助。其来源主要是财政转移支付、征收资源税费。所以，有必要通过法治的形式，规范中央财政转移支付，明确资源税征税范围、税目、税额、税率，并通过一定的税收减免措施，推动资源枯竭型城市的转型升级，从而为资源枯竭型城市经济转型、环境治理和社会保障提供有力的资金支持。

现阶段，关于财政转移支付的法律法规主要有：《预算法》《中央对地方资源枯竭城市转移支付管理办法》，其中，《中央对地方资源枯竭城市转移支付管理办法》是与资源枯竭型城市财政援助直接相关的部门规章；关于征收资源税费方面的主要有：《资源税暂行条例》《资源税暂行条例实施细则》；关于专项资金支付的主要有：《中央对地方专项拨款管理办法》《清洁生产促进法》《循环经济促进法》；关于税收减免的主要有：《可再生能源法》《中小企业促进法》《清洁生产促进法》等。

表 12 财政转移支付与征收资源税费方面的立法

主题	法律法规名称	具体规定
财政转移支付	《预算法》	《预算法》第 16 条
	《中央对地方资源枯竭城市转移支付管理办法》	《中央对地方资源枯竭城市转移支付管理办法》第 2 条、第 3 条、第 4 条、第 7 条
资源税	《资源税暂行条例》	《资源税暂行条例》第 1 条、第 4 条、第 5 条
	《资源税暂行条例实施细则》	《资源税暂行条例实施细则》第 4 条

续表

主题	法律法规名称	具体规定
专项资金支付	《中央对地方专项拨款管理办法》	《中央对地方专项拨款管理办法》第2条、第4条
	《清洁生产促进法》	《清洁生产促进法》第9条
	《循环经济促进法》	《循环经济促进法》第42条
税收减免	《可再生能源法》	《可再生能源法》第26条
	《清洁生产促进法》	《清洁生产促进法》第35条
	《循环经济促进法》	《循环经济促进法》第44条

总之,虽然我国资源枯竭型城市可持续发展的法治进展较为缓慢,但资源枯竭型城市转型治理并不是完全无法可依。有序开发综合利用资源、构建多元化产业体系、切实保障和改善民生、加强环境治理和生态保护、财政转移支付与征收资源税费等方面的法律法规构成了资源枯竭型城市可持续发展法治体系,同时,现有国务院《关于促进资源型城市可持续发展的若干意见》和《全国资源型城市可持续发展规划(2013～2020年)的通知》以及地方配套的相关政策,实际上都是我国开展资源枯竭型城市治理的制度依据。在相关立法与政策性文件指引下,地方在实际操作时是有据可循的。它们相互配合,从不同的侧面关注了资源枯竭型城市可持续发展问题,为进一步构筑完善法治提供了规范基础。

3.2　资源枯竭型城市可持续发展法治的运行实效：以湖南省为样本

正如霍姆斯所言，"法律的生命在于经验而非逻辑"①，真正推动法学发展的并非只是"理论"与"立法"，而是法治所深深嵌入的现实社会及其法治实践，是现有的法治体系对实践需求所作的应答②。为了掌握资源枯竭型城市可持续发展法治运行的真实样态，研究选取以"有色金属之乡"著称的湖南省作为样本，采用个案研究方法，在大量田野调查基础上，梳理分析湖南省资源枯竭型城市的基本情况及其相关立法，探索法治运行取得的实效，分析存在的问题，以便为进一步完善法治与解决实际问题提供助益。

3.2.1　湖南省资源枯竭型城市的基本情况及相关政策法规

湖南矿藏丰富，素以"有色金属之乡"和"非金属之乡"著称。与资源丰富相对应，由于长期的无序开采，"资源诅咒"现象开始出现，湖南省内若干城市出现了资源枯竭、经济停滞的情况。根据《国务院关于印发全国资源型城市可持续发展规划（2013～2020年）》列明的数据，湖南省内资源型城市有14座，其中，地级市4座，县级市7座，县3座。省内资源型城市数量在全国排第4，仅次于云南17座、河南和辽宁各15座。

---

① ［美］霍姆斯：《普通法》，中国政法大学出版社2006年版，第1页。

② 秦鹏、李奇伟：《污染场地风险规制与治理转型》，法律出版社2015年版，第11页。

表 13　湖南资源型城市名单

地级市	县级市	县
郴州市、衡阳市、娄底市、邵阳市	临湘市、冷水江市、涟源市、浏阳市、常宁市、耒阳市、资兴市、	宁乡县、桃江县、花垣县

注:资料来源于《国务院关于印发全国资源型城市可持续发展规划(2013~2020年)》。

在这14座资源型城市中,按照资源型城市综合分类(2013年),其中,成熟型城市9座,分别是衡阳市、郴州市、邵阳市、娄底市、浏阳市、临湘市、宁乡县、桃江县、花垣县;资源枯竭型城市5座,分别是常宁市、耒阳市、资兴市、冷水江市、涟源市。

表 14　资源型城市综合分类(2013年)

成熟型城市(9座) 地级市4座:衡阳市、郴州市、邵阳市、娄底市 县级市2座:浏阳市、临湘市 县3座:宁乡县、桃江县、花垣县
衰退型城市(5座) 县级市5座:常宁市、耒阳市、资兴市、冷水江市、涟源市

本研究的社会调研选取了湖南省资源枯竭型城市5座中的3座——耒阳市、资兴市、冷水江市,通过实地调研、座谈会、参观考察、调查问卷等方式获取了第一手资料。现对这3座城市的基本情况简要介绍如下:

冷水江市:

冷水江市具备丰富的矿产资源,被誉为"江南煤海""世界锑都"。其中,锑矿已探明储量108.84万吨,居世界首位,为全国储量的2/3;煤炭累计探明储量3.787亿吨,占全省已探明储量的1/6;该市含煤地层占市境总面积的44.4%。

长期以来,该市一直以与资源型有关的工业作为支柱产业,第二、第三产业相对比较薄弱,替代产业发展并不成熟。数据显示,2010年,三大产业结构比为3.5∶69.9∶26.6,重工业总产值占全市规模以工业总产值的比重仍高达96.7%。其突出的问题在于城市发展过分倚重资源型产业,而这些产业在发展过程中,仍然存在粗放型发展的特征,产品技术含量低,结构单一,资源综合利用水平偏低。同时,因长期的开采,资源渐趋枯竭。锡矿山锑矿开采已经超过110年,已探明储量只有108.84万吨,而累计开采量已经达到了90.35万吨,剩余储量只有18.49万吨,以现在的年产量4万吨计算,还可以开采4.6年。煤炭累计探明储量3.787亿吨,采损量3.1亿吨,保有储量0.687亿吨,且浅表煤层已接近枯竭,保有储量大部分属于深层煤,开采条件复杂。如不开采深层煤,金竹山实业公司现有矿井服务年限只有15年左右,资江矿业、大建矿业服务年限不足10年,乡镇、个体煤矿服务年限为5~8年。

冷水江市因矿而建、缘矿而兴、随矿而发,但在发展过程中出现了主体资源濒临枯竭、生态环境破坏严重、下岗失业人口较多、社会维稳压力逐年增大等方面的问题。2009年,冷水江市经国家批准为全国资源枯竭转型试点城市(第二批)。

耒阳市:

耒阳市也是较为典型的以资源发展为主的城市。耒阳市的煤炭开采历史悠久。新中国成立以后,又先后开办了里王庙、沈家湾、周家坳、伍家冲、夏塘等20个国有矿井,鼎盛时期,包括地方煤矿在内共有1046个煤矿。现在,经过关停并转之后,整合下的国有煤矿是4个,地方煤矿是77个。

煤炭产业是耒阳市经济发展的命脉。数据显示,2010年,相关产业占规模工业的比例是67.4%,财政收入的2/3以上源于与煤炭相关的产业。以前,在煤炭资源的支撑下,耒阳市的经济社会发展曾经较为快速。随着,矿藏的枯竭,耒阳的年产煤数量已经从峰值下降了1/3。据测算,现在耒阳市的煤炭资源保有量只剩下1.7亿吨,可以用于未来开采的只有1.2亿吨。这种资源储备量仅能维持10年左右。如果不及时转型发展,耒阳市的未来发展将大受影响。2009年,耒阳市经国家批准为全国资源枯竭转型试点城市(第二批)。

资兴市:

资兴市是一座因采煤而建的资源型城市。资兴市境内煤炭资源开发利用最早始于唐朝,至今已有1000多年的历史。在民国时期(1937年),为了对境内三都煤矿区进行较大规模的开发利用,专门修通了铁路。新中国成立伊始,国家就开始对其境内煤炭资源进行规模开发,规模开发历史已有50~60年的时间。

一直以来,资兴市经济社会发展都依托资源型产业的发展。产业结构不合理,第一、第三产业薄弱,新兴替代产业发展滞后。数据显示,2013年,资兴市地区生产总值为247.4亿元。其中,第一、第二、第三产业增加值分别是18.3亿元、172.6亿元、56.5亿元,三次产业结构为7.4%、69.8%、22.8%。第一、第二、第三次产业对经济增长的贡献率分别为1.9%、73.7%和24.4%。

资兴市煤炭大规模开采已有半个世纪,乡镇煤矿煤炭资源基本枯竭。截至2010年年底,煤炭保有资源储量为3514.9万吨,可采资源储量仅余1807.65万吨,其中国有煤矿可采储量1698.69万吨,乡镇煤矿可采储量108.96万吨。目前,资兴市只剩煤矿21处,其中国有煤矿5处,乡镇煤矿16处。国有煤矿浅部煤层大多已采空,现有采区大多在深部,开采难度大,成本高。以目前年产量275万吨规模开采,现有煤炭资源只能维持5~8年的时间。煤炭资源日趋枯竭的特征明显。2009年,经国家批准为全国资源枯竭转型试点城市(第二批)。

为了能够推动省内资源枯竭型城市的可持续发展,近年来,湖南

省在国家相关政策的指引下,加紧出台地方性法规和政策措施,主要的政策法规如下:

3.2.1.1 专门的资源型城市可持续发展政策法规

有关资源型城市可持续发展专门的政策法规,主要有以下3部,即《湖南省人民政府关于促进资源型城市可持续发展的实施意见》(湘政发〔2012〕20号)、《湖南省人民政府办公厅关于促进传统老工业工矿区转型发展的实施意见》(湘政办发〔2014〕64号)、《湖南省人民政府办公厅关于支持娄底市资源型城市转型发展的实施意见》(湘政办发〔2015〕9号)。

其中,《湖南省人民政府关于促进资源型城市可持续发展的实施意见》(湘政发〔2012〕20号)是为了贯彻落实国务院相关文件精神,推动湖南省资源型城市可持续发展而制定。相较于国务院文件,在工作目标、重点任务、政策措施方面更加具体、详细,有利于结合本省的情况制定有针对性的政策措施。而《湖南省人民政府办公厅关于支持娄底市资源型城市转型发展的实施意见》(湘政办发〔2015〕9号)则是专门针对资源型城市娄底展开(下辖冷水江市、涟源市),体现了省政府对该市转型发展的重视。

3.2.1.2 有序开发综合利用资源方面的政策法规

在有序开发综合利用资源方面,湖南省相关的政策法规主要有:《湖南省矿产资源管理条例》《湖南省违反矿产资源管理规定责任追究办法》《湖南省深入整顿和规范矿产资源开发秩序工作方案》《湖南省矿产资源开采登记条件规定》《湖南省矿产资源补偿费征收管理实施办法》等。值得一提的是,湖南省政府2009年颁布实施了《湖南省违反矿产资源管理规定责任追究办法》,明确了各级政府及主管部门的主要负责人和其他负责人在违反矿产资源管理规定方面的各项责任,有利于行政机关、公务员严格执法,依规加强监管。

3.2.1.3 构建多元化产业体系方面的政策法规

在构建多元化产业体系方面,湖南相关的政策法规可以分为两部分。一部分主要针对传统衰退产业的调整和援助,包括《湖南省人民政府关于促进煤炭工业健康发展的实施意见》《湖南省矿产资源开发整合总体方案》《湖南省人民政府办公厅关于进一步深化煤矿整顿关闭工作的意见》,这些措施对于关停并转资源枯竭的矿井,整合提升开发能力具有重要意义;另一部分主要是促进替代产业的培育和发展,包括《湖南省实施〈中华人民共和国节约能源法〉办法》等。

3.2.1.4 切实保障和改善民生方面的政策法规

相关的政策法规主要围绕促进就业和再就业、加快棚户区改造、加强社会保障和医疗卫生服务、营造安全和谐的生产生活环境等方面展开。如关于促进就业和再就业方面的政策法规主要有:《湖南省实施〈中华人民共和国就业促进法〉办法》;关于加快棚户区改造的主要有:《湖南省人民政府办公厅关于推进城市和国有工矿棚户区改造工作的实施意见》《湖南省人民政府关于加快全省棚户区改造工作的实施意见》《湖南省人民政府关于进一步做好城镇棚户区和城乡危房改造及配套基础设施建设有关工作的实施意见》;关于加强社会保障和医疗卫生服务的主要有:《湖南省实施〈失业保险条例〉办法》;关于营造安全和谐的生产生活环境的主要有:《湖南省安全生产条例》《湖南省实施〈中华人民共和国矿山安全法〉办法》等。

3.2.1.5 加强环境治理和生态保护方面的政策法规

这一方面的政策法规主要有:《湖南省环境保护条例》《湖南省地质环境保护条例》《湖南省地质灾害防治管理办法》《湖南省矿山地质环境恢复治理验收办法(试行)》《湖南省矿山地质环境恢复治理验收标准(试行)》等。

3.2.1.6 财政转移支付与征收资源税费方面的政策法规

现阶段,关于财政转移支付的法律法规主要包括:《湖南省城市棚户区改造专项资金管理实施办法》《湖南省矿山地质环境治理备用金管理暂行办法》《湖南省培育发展战略性新兴产业专项引导资金管理办法》和《湖南省推进新型工业化专项引导资金管理办法》等。

表 15　湖南省资源型城市可持续发展政策法规一览

分类	政策法规名称	主要内容
专门的政策法规	《关于促进资源型城市可持续发展的实施意见》(湘政发〔2012〕20 号)	指导思想、基本原则、工作目标、重点任务、政策措施、组织保障
	《关于促进传统老工业工矿区转型发展的实施意见》(湘政办发〔2014〕64 号)	总体要求、促进产业转型升级、提升城市综合功能、加强环境整治和生态保护、推进社会事业发展、深化体制改革、加大政策支持力度、健全组织保障
	《关于支持娄底市资源型城市转型发展的实施意见》(湘政办发〔2015〕9 号)	总体目标、重点任务、支持政策、组织保障
有序开发综合利用资源方面的政策法规	《湖南省矿产资源管理条例》	矿产资源的勘查、矿产资源的开采、监督管理
	《湖南省违反矿产资源管理规定责任追究办法》	责任追究
	《湖南省深入整顿和规范矿产资源开发秩序工作方案》	整顿和规范矿产资源开发秩序
	《湖南省矿产资源开采登记条件规定》	矿产资源开采登记
	《湖南省矿产资源补偿费征收管理实施办法》	矿产资源补偿费征收

续表

分类	政策法规名称	主要内容
构建多元化产业体系方面的政策法规	《湖南省人民政府关于促进煤炭工业健康发展的实施意见》	促进煤炭工业健康发展
	《湖南省矿产资源开发整合总体方案》	矿产资源开发整合
	《湖南省人民政府办公厅关于进一步深化煤矿整顿关闭工作的意见》	煤矿整顿关闭
	《湖南省实施〈中华人民共和国节约能源法〉办法》	促进新兴产业发展
	《湖南省实施〈中华人民共和国清洁生产促进法〉办法》	促进清洁生产、环保产业发展
切实保障和改善民生方面的政策法规	《湖南省实施〈中华人民共和国就业促进法〉办法》	促进就业
	《湖南省人民政府办公厅关于推进城市和国有工矿棚户区改造工作的实施意见》	推进工矿企业棚户区改造
	《湖南省人民政府关于加快全省棚户区改造工作的实施意见》	棚户区改造
	《湖南省人民政府关于进一步做好城镇棚户区和城乡危房改造及配套基础设施建设有关工作的实施意见》	棚户区改造

续表

分类	政策法规名称	主要内容
	《湖南省实施〈失业保险条例〉办法》	失业保险
	《湖南省安全生产条例》	安全生产
	《湖南省实施〈中华人民共和国矿山安全法〉办法》	矿山安全
加强环境治理和生态保护方面的政策法规	《湖南省环境保护条例》	污染防治与生态环境保护
	《湖南省地质环境保护条例》	地质环境保护
	《湖南省地质灾害防治管理办法》	地质灾害防治
财政转移支付与征收资源税费方面的政策法规	《湖南省城市棚户区改造专项资金管理实施办法》	棚户区改造专项资金管理
	《湖南省矿山地质环境治理备用金管理暂行办法》	矿山地质环境治理备用金管理
	《湖南省培育发展战略性新兴产业专项引导资金管理办法》	战略性新兴产业专项引导资金管理
	《湖南省推进新型工业化专项引导资金管理办法》	新型工业化专项引导资金管理

3.2.2　法治在湖南省实施取得的成效

上述的政策法规，特别是相关立法（包括国家和地方），在经历了近20年的陆续推动以后，已经基本形成了资源枯竭型城市可持续发展的一套法治体系，促使各个资源枯竭型城市积极制订转型发展规划，颁布工作方案和管理规划，从各种渠道筹集资金促进规划项目的实施，从而有力地推动了资源枯竭型城市的可持续发展。在此，以调研选取的湖南省3座资源枯竭型城市——冷水江市、耒阳市、资兴市的实例，来归纳梳理湖南省资源枯竭型城市可持续发展法治实施所取得的成效。

3.2.2.1 明确了湖南省资源枯竭型城市名单，并进行了类型界分

2008年、2009年、2011年，国家发改委、国土部和原国务院振兴东北办等部门会同财政部分3次提出了资源枯竭型城市的具体名单。其中，第二批名单包括湖南省耒阳市、冷水江市、资兴市。第三批名单包括湖南省涟源市、常宁市。2013年，国务院《全国资源型城市可持续发展规划（2013～2020年）》提出了类型化管理的思路，将资源型城市界分为成长型、成熟型、衰退型和再生型四种类型。其中，成熟型城市湖南9座，分别是地级市4座：衡阳市、郴州市、邵阳市、娄底市；县级市2座：浏阳市、临湘市；县3座：宁乡县、桃江县、花垣县。衰退型城市5座，分别是常宁市、耒阳市、资兴市、冷水江市、涟源市。从而以中央政府指定的方式，明确了湖南省资源枯竭型城市名单，开启了资源枯竭型城市可持续发展的政策红利期。

3.2.2.2 建立了资源枯竭型城市可持续发展组织保障体系

第一，国务院有关部门，如发改委、财政部等按照各自职能开展工作。在国家发改委下设立东北振兴司，其在资源型城市发展领域的主要职责包括：组织拟定相关的发展战略，推动资源型城市历史遗留问题解决，推进替代产业发展，加强环境治理等。

第二，湖南省人民政府负总责。做好省内的统筹协调，省际的合作，加强对省内城市可持续发展的组织领导，同时，明确责任，出台配套措施，确保任务能够得到较好落实。

第三，各资源枯竭型城市具体实施。按照各自特点，拟定资源枯

竭城市可持续发展规划，制定具体的实施方案，建立组织领导机构，推动规划的落实完成。在冷水江市，2009 年 3 月获批资源枯竭型城市后，同年底即成立市资源枯竭型城市转型工作领导小组，由市委书记任组长、市长任第一副组长、常务副市长任常务副组长、人大常委会主任和政协主席任顾问，政府副市长和发改局长为成员，领导小组下设办公室及经济转型、生态转型、社会转型、文化转型、机制转型 5 个专项工作领导小组，专项工作领导小组由政府分管副市长担任组长，成员为各相关职能部门。① 领导小组定期就该市转型工作中的重大问题进行研究决策；每年年初就全年转型工作目标任务进行部署，年底进行检查总结。在领导小组之下，设立转型工作综合办公室，挂靠在发改局，承担市转型工作领导小组授权的日常管理工作职能。同时，按转型工作职能需要，由发改局与相关职能部门配合，分设规划编制、产业发展、生态环保及地质灾害治理、就业与社会保障等若干协调工作小组，负责履行各相关工作的统筹协调职能。实行市级领导联系工作制度，每年针对转型工作中的重大事项或重点项目，由市级领导分工联系、定点定责，做到事事有人抓、件件抓落实。同时，成立松散性的政策指导专家委员会和技术专家咨询小组，听取指导专家对转型工作的政策性意见和建议。② 在耒阳市，建立了以市委书记任政委、市长任组长的转型工作领导小组，下设资源枯竭型城市转型工作办公室和资源枯竭型城市转型资金管理办公室。资源枯竭型城市转型工作办公室具体负责对每个单位的当年转型发展目标完成进行考核，未达标的单位一律取消评先评优资格。资源枯竭城市转型资金管理办公室负

---

① 2015 年 8 月 20 日，在资源枯竭型城市可持续发展立法研究调研会上冷水江市发改局提供的数据。

② 同上。

责专项资金拨付和考核各单位资金使用情况，最大限度保障专款专用。①

3.2.2.3 制订并审查论证了资源枯竭城市可持续发展规划

按照国务院《关于促进资源型城市可持续发展的若干意见》和《国家发展改革委办公厅关于编制资源枯竭城市转型规划的指导意见》（发改办东北〔2009〕2173号）的要求，2011年10月13~14日，国家发改委组织有关专家对通过初审的部分资源枯竭城市（地区）的转型规划进行了审查论证，原则同意湖南省资兴市、耒阳市、冷水江市等12个资源枯竭城市（地区）的转型规划。转型发展规划是转型工作的具体方案，它进一步明确了未来组织开展资源枯竭型城市转型发展的工作重点和阶段性安排，确立了主体责任，构建了可行的工作机制。以资兴市为例，在《资兴市资源枯竭城市转型规划》中不仅明确了指导思想和转型原则、功能定位、发展目标，更突出了未来工作重点：接续替代产业发展、环境保护与生态治理、支撑保障体系建设、保障措施和实施机制等各项内容，甚至对转型规划项目一一列表指出，是未来一阶段资兴市资源枯竭型城市转型工作的详细清单。

3.2.2.4 设立并拨付了资源枯竭城市中央财政转移支付资金

经国务院批准，中央财政设立资源枯竭城市转移支付，并制定了《资源枯竭城市转移支付管理办法》。按照此规定，各批次资源枯竭型城市将成为转移支付的补助对象。第一轮补助时限为4年，之后再根据具体情况评估并予以补助。

从调研的情况来看，冷水江市、耒阳市、资兴市都获得了中央财政转移支付资金，这为解决资源开发产生的历史遗留问题发挥了重要作用。以冷水江市的情况来看，从2008~2015年，中央、省下达该市的

① 2015年8月26日，在资源枯竭型城市可持续发展立法研究调研会上耒阳市发改局提供的数据。

资源枯竭型城市转移支付资金分别是:7100万元、9100万元、14,121万元、16,444万元、17,656万元、19,785万元、21,845万元、21,845万元,合计127,896万元。以耒阳市的情况来看,2008~2015年,中央、省下达该市的资源枯竭型城市转移支付资金分别是:11,100万元、12,600万元、19,561万元、22,778万元、24,361万元、27,069万元、28,096万元、28,096万元,合计173,661万元。而资兴市目前累计到位107,000万元,预计今年将再增加19,000万元。①

3.2.2.5 围绕重点部署内容开展了一系列具体工作

第一,传统衰退产业的改造升级。

近年来,冷水江市、耒阳市、资兴市依据各自资源型产业特点,第一,依法规范矿产开发利用秩序,取缔非法矿井,通过关停并转,整合矿产企业;第二,对重点矿产企业进行扩能、环保技术改造,提升产业发展能力,做大做强重点企业,逐步实现传统产业的改造升级。

在冷水江市,通过加大资源整合力度,对煤矿和涉锑企业实行整顿关闭,煤矿已由2001年的243家整合到现在的65家,关闭锑品冶炼企业77家,取缔选矿手工小作坊145处,淘汰落后产能17.4万吨,锑开采企业由7家整合至4家,锑品冶炼企业由原来的26家减少到9家。乡镇煤矿企业也由2007年的148家减少到目前的66家。② 同时,积极推动钢铁、有色、煤化、煤电、建材5大产业升级转型,支持鼓励重点企业如闪星锑业公司、冷钢集团、波月水泥、耀华冷耐等发展,推动传统优势产业聚合式发展,发展大企业大集团,加快产业升级转型。2009年,5大产业集群累计完成工业总产值190.3亿元,占全市工业产值比重达97.6%。

---

① 2015年8月20日,在资源枯竭型城市可持续发展立法研究调研会上冷水江市国土局提供的数据。

② 同上。

在耒阳市,按照"一停(全面停产)、二并(兼并重组)、三整(整治隐患)、四复(复工复产)"的工作思路,集中开展整治、整合。经过3年多努力,该市对82个资源枯竭和无扩界空间的煤矿进行永久性关闭,煤矿数量由原来的78个减少到45个,现45个保留煤矿已经兼并整合成20个紧密型煤业公司,改变了过去"多、小、散、乱"的格局。同时,拓展提升冶金和有色金属加工产业,重点培育金星锡业、中达铁合金、富泰锰业、长乐冶炼、阳光金属电解锰等龙头企业,督促焱鑫有色金属、南玉冶炼、阳光金属冶炼、诚松冶炼、永鑫再生金属等企业,改造提升生产技术和管理技术,并从新引进的冶金企业在国家环保、行业和技术标准及布局要求等方面提高准入门槛,促进冶金和有色金属加工产业的快速健康发展。2013年,该市冶金业实现产值81.1亿元,有色金属加工产业实现产值49.6亿元。①

在资兴市,按照国务院、国土部和省政府的要求,全面规范了矿产资源开发利用管理秩序。2011年,该市开展金属非金属矿山整顿整合关闭专项行动以来,整顿整合关闭矿山24家,湘江流域环境保护退出4家。目前,该市现有非煤矿山企业28家,较2014年之前减少50%。

第二,替代产业的培育发展。

在冷水江市,以促进资源主导的产业结构向多元结构转型为目标,着力培育新兴产业发展。实施了年产1万吨超细二氧化硅气凝胶扩建、年产165,00吨特殊钢用环保增强炉衬材料、5万千瓦风力发电场、年产100万件高档木纤维T恤内衣生产线、年产2万吨葛根系列产品深加工等一批重点项目。2012年,以光电科技产业园和循环经济产业园开工建设为标志,该市产业转型迈上了一个新的台阶。其

① 2015年8月26日,在资源枯竭型城市可持续发展立法研究调研会上耒阳市发改局提供的数据。

中,循环经济产业园百加壹废钢加工配送项目建成后,将达到年加工配送废钢100万吨、拆解报废汽车5万辆、优质废铜20万吨、废铝10万吨的生产能力,实现工业总产值200亿元,创利税10亿元。

在耒阳市,大力发展接续替代产业,围绕轻工制造、机械制造、建材、食品加工这些重点发展现代制造业,产业增加值由2012年的29.38亿元增长至2013年的43.56亿元,形成以机械制造为龙头,制衣制鞋、电子加工协同发展,战略新兴制造异军突起的现代制造加工产业体系。机械制造产业规模和水平不断提高,2013年培育建成富鑫机械、龙飞机械等4个项目,承接深圳新达微轴承、广东颖峰数控机床等3个项目,7个项目总投资达8.9亿元,产业规模进一步扩大,产品种类及科技含量得以提升。制衣制鞋和电子加工产业体系日益壮大,随着南阳鞋业二期、钜旺鞋业二期、电子工业园、晶石电子、亚湘电子变压器生产、灶兴电线电缆等项目的陆续运营投产,形成以南阳鞋业、钜旺鞋业、宝升鞋业为龙头的制衣制鞋企业14家,以博多电子、立诚电子为龙头的电子加工企业18家,2013年两类产业总产值达21亿元。以新能源制造产业为特色的战略新兴制造产业迅猛发展,重点打造了总投资12亿元的岱朗太阳能非晶硅项目、总投资3亿元的阳光凯迪新能源项目、总投资1.2亿元的美奥特生物质能源项目和总投资20亿元的江苏远景风能发电项目。①

在资兴市,也在着力调结构、转方式,推动经济大转型。一是创建"国家5A级旅游景区",服务业发展速度加快。商贸物流业发展壮大,湘南城市广场建成运营,达达农产品冷链物流公司获3A物流企业称号。农村信用社改制基本完成,成功引进长沙银行入驻该市。完成了东江湖数字化景区、逸景营地一期等重点旅游项目,东江湖创建

① 2015年8月26日,在资源枯竭型城市可持续发展立法研究调研会上耒阳市发改局提供的数据。

5A 级旅游区通过国家暗访,东江湖景区获评国家首批生态旅游示范区。该市旅游正在加速向"全域旅游""文化旅游""品牌旅游"转变。二是着力打造千亿园区,新型工业化加快推进。园区承载力不断提升,完成了50平方公里的扩园规划,江高路延伸段等3条园区骨干道路建成通车,资五产业园污水处理厂等一批园区基础项目开工建设。战略性新兴产业来势喜人,鑫京鸿电子、新清兰科技等先进制造业项目和恒晟科技、杉杉新材料二期等新材料产业项目实现集群发展。企业品牌实力不断增强,丰越环保由上海鼎立股份有限公司收购并扩股上市;华信有色成功注册为伦敦金银市场协会会员,其"长银牌"银锭荣获中国驰名商标,成为上海期货交易所交割品牌;大诚中药成为湖南首家通过国家新版 GMP 认证的中药饮片生产企业。三是着力发展庄园经济,农业特色逐步形成。"两片三线十庄园"项目全面启动,双溪洞、流华湾两大现代农业示范园初具规模,培育了鑫源科技、颐民生态产业园等7家省四星级以上农庄。新型经营主体不断涌现,新增家庭农场50多家、农民合作社96个。"狗脑贡茶"荣获中国驰名商标,"东江鱼"被国家质检总局认定为国家地理标志保护产品,"东江湖蜜橘"被农业部认定为农产品地理标志登记产品。①

第三,切实保障和改善民生。

在冷水江市,努力让转型成果更多地惠及人民群众。自2008年以来,该市累计新增城镇就业3.63万人,转移培训农民2.38万人次,城镇"零就业家庭"实现动态清零。养老、医疗、失业、生育、工伤保险累计扩面14.4万人,新农合参保率达98.1%。该市新农保参保达9.2万人,城镇居民养老保险参保1.04万人。按政策全面落实了公务员津补贴、义务教育阶段教师津补贴、基层医疗卫生单位和其他事业单

① 2015年8月26日,在资源枯竭型城市可持续发展立法研究调研会上资兴市发改局提供的数据。

位绩效工资制度。该市慈善总会成立并募集善款1214万元,改扩建乡镇敬老院3所,实现乡镇敬老院全覆盖。完成城市棚户区改造2883套,工矿棚户区改造432套,国有林区棚户区改造38套,农村危房改造1998套,建成廉租住房580套,收购公租房484套。新建农村沼气池1271口,解决7.6万农村安全饮水问题。累计建成义务教育合格学校28所、公办幼儿园6所,新建、维修校舍10.9万平方米,化解城区"大班额"四年行动有序推进,职业教育等各类教育加快发展。完成9所乡镇卫生院改造,公共卫生服务体系进一步健全。①

在耒阳市,保障和改善民生是转型工作的出发点和落脚点。一是公共财政进一步向民生倾斜。2013年,民生投入持续加大,占该市财政总支出的78.63%,增加2.54%,新增财力的90%用于民生支出。二是基本社会保障体系不断完善。社会养老保险和城镇居民养老保险全面铺开。2013年,城镇基本养老保险参保人数达125,228人,新增人数12,600人,完成全年任务的229.09%;城镇医疗保险参保人数251,400人,城镇居民医疗保险参保率98.7%,新增医疗保险参保人数4300人,完成全年目标任务的101.7%;新农合参合人数达1,128,474人,新农合参保率99.85%;城乡低保共保障744,096余人次。城市低保标准提高到291.4元/月,高出省为民办实事指标21.4元;农村低保标准提高到122.4元/月,高出省为民办实事指标5.4元。三是加快保障性住房建设。建成廉租住房300套,发放住房补贴4710户,实物配租288户。耒阳大道东段棚户区、灶市铁路园棚户区、耒阳大桥路中段棚户区、华湘化肥有限公司、西门洞棚户区二期5个城市棚户区改造完成投资8530.6万元,完成894户,完成建筑面积75,990平方米;五峰仙林场、白沙矿区、万事达、兴源公司4个工矿棚

---

① 2015年8月20日,在资源枯竭型城市可持续发展立法研究调研会上冷水江市发改局提供的数据。

户区改造项目共完成投资19,991万元,完成2204户,完成建筑面积201,520平方米。全面完成危改项目1960户,中央补助1800万元。四是扎实推进就业再就业工作。新增城镇就业再就业12,816人,完成全年任务的105.1%;新增农村劳动力转移就业人员10,000人,完成全年任务的117.6%;零就业家庭动态就业援助100%。①

在资兴市,一是社会事业加快发展。科学整合北部乡镇教育资源,各种教育形式协调发展,高考成绩跻身郴州市前列。"一户一产业工人"培养工程获"湖南省教育工作创新奖",该市被全国总工会评为"全国职工教育培训优秀示范点"。加强医疗卫生服务体系建设,投资近千万元对基层医疗卫生机构进行了提质改造。该市医疗集团实现规范化运营,全面推进乡村医生签约服务和区域卫生信息化建设试点,居民就医条件不断改善。二是民生保障得到加强。实施农村安全饮水项目18个,有效解决2.37万人饮水安全问题。培训产业工人8326人,新增城镇就业6876人,农村劳动力转移就业4019人。郴州市创业指导服务中心落户资兴,"三湘四水"创业一条街成为郴州市创业孵化基地。建立了统一的城乡居民基本养老保险制度,新农合参保率达99.8%。积极打造"阳光低保",社会救助工作荣获省级示范县市。三是加快安居性保障工程建设。投资5亿余元开工建设廉租房、公租房和各类棚户区改造房6811套,完成农村危房改造2100户,林业棚户区、中央下放煤矿棚户区、牵福苑安置区等保障性住房项目相继建成,城乡居民住房条件进一步改善。②

第四,环境治理和生态保护。

---

① 2015年8月26日,在资源枯竭型城市可持续发展立法研究调研会上耒阳市发改局提供的数据。

② 2015年8月26日,在资源枯竭型城市可持续发展立法研究调研会上资兴市发改局提供的数据。

在冷水江，一是加大工业污染防治力度。2008年来，该市累计投入资金10.6亿元，实施污染减排工程79项，带动企业投入污染治理资金15亿元，完成重大环保工程30多个，使该市生态建设实现了跨越式发展。冷钢工业废水基本实现零排放，烟尘排放达标率达92%。中心城区关闭搬迁污染企业5家，“退城进郊”任务全面完成。2012年城镇生活污水集中处理率达到79.3%，城区空气环境质量好于2级以上天数达到75%。锡矿山地区被纳入湘江流域重金属污染综合治理范畴，涉锑企业环境整治经验被国家环保部在全国推广。二是大力发展循环经济。闪星锑业即将建成年处理5000吨砷碱渣综合治理回收利用工程。冷钢利用高炉余热余压余气建成了10套发电机组，仅利用富余煤气燃烧发电，每小时新增发电量约6500千瓦时，每月可创造经济效益280万余元。湖南宜化和金富源碱业实施合成氨系统改造，年创经济效益1000万元以上。2008~2011年，该市万元规模工业增加值能耗下降率分别为14%、10.94%、12.6%、8.4%。目前，该市正在抓紧申报国家级、省级循环经济试点城市。三是加快矿区生态环境修复。2003年经国家发改委立项、总投资4.5亿元的冷水江矿区采煤沉陷区治理工程全面完成扫尾，矿山地质环境治理重点工程累计获得国家投资3.1亿元，历史上因采矿活动造成损毁的医院、学校、公路、水利、电力、住宅等基础设施得到了有效修复。锡矿山地区防污抗污林试点取得成功，构树、臭椿、大叶女贞、七里香等树木种植面积已达2000余亩，生长正常，成活率达98%以上。2012年，该市森林覆盖率达到50.08%，人均绿地面积已达14.81平方米。①

在耒阳市，一是狠抓矿山综合治理，构建生态矿区。2010年成功向财政部、国土部争取了为期3年的资源枯竭型城市矿山地质环境治

① 2015年8月20日，在资源枯竭型城市可持续发展立法研究调研会上冷水江市发改局提供的资料。

理重点项目,涉及饮水工程、避险搬迁、矿山排污、滑坡治理、沟渠修复清淤、农田恢复等。2013 年度项目区涉及亮源乡等 25 个乡镇,拟安排 73 个项目,其中滑坡及不稳定边坡治理项目 31 个,沟渠整修及清淤护岸项目 14 个,避灾迁建工程 3 个,矿山复绿及矿山地质公园工程 6 个,道路修复工程 5 个,引水及地热水保护工程 4 个,矿山地质环境监测项目 1 个,预算总投资 12,009.04 万元。除了采取工程建设治理之外,该市还采取"分工合作、条块结合、以块为主"的工作原则,以乡镇办事处为主体,部门协作,形成了综合治理的多方合力。各乡镇办事处全面负责辖区内环境卫生,同时引导农民实行垃圾分类和废品回收,该市直相关单位按职责进行分工,如交通运输和公路部门负责全市国、省、县、乡道路面、边沟及 5 米以内的卫生清扫,市场管理部门负责 15 个乡镇集贸市场的卫生清扫和马路市场整治,水利部门负责对 3 个中型水库和耒河、春陵河等 6 条河流水域及两岸垃圾的清理等。此外,有办公场地的乡镇站所和驻耒省地厂矿、部队等单位,均负责搞好各自区域内的环境卫生。通过推进矿山综合治理,矿区农业生产和人居环境条件得到改善、防灾减灾能力明显提高、经济效益得到提升,生态效应十分明显。二是狠抓产业环境保护,推动低碳模式。始终坚持节能减排,统筹推进工业、农业中高污染、高能耗行业环境保护,重点突出冶炼业和规模养殖业整治,推动低碳发展模式。全年投入环境污染治理资金 1.82 亿元,积极推进主要污染物减排工程、重金属污染治理工程、湘江流域(耒阳段)综合整治等环保项目,全市关停 36 个涉及重金属企业,淘汰落后产能 23 万吨;大力推进工程减排,加大污染源治理和污染物减排工作力度,完成了安源福利有色金属、诚松有色金属、永鑫有色金属 3 个涉重金属企业的环境综合整治,南方水泥 2 线脱硝工程也在紧张的施工。年内完成了二氧化硫减排项目 3 个,化学耗氧量减排项目 6 个。支持东方牧业等 11 个规模养殖场实施标准化规模养殖场建设，新办农村养殖综合治理点25个，新建农村沼气池85个。年度减排任务全面完成，主要污染物二氧化硫、氨氮、化学耗氧量、氮氧化物、铅的削减量分别为152.2吨、33.11吨、144.36顿、9900吨、0.55吨，一般工业固体废物综合利用率100%，万元规模工业总产值能耗下降1.08%；单位GDP能耗由2012年的1.02吨标准煤/万元降低至2013年的1.01吨标准煤/万元。三是狠抓城乡环境同治，打造绿色耒阳。2013年该市坚持城乡同建、城乡同治，财政继续安排1000万元专项资金全面启动农村环境卫生综合整治，实施了黄市镇农村环境连片综合整治示范项目等一批具有代表性的重点项目，完成"五改"5236户，建公用下水道32条6400多米，清除积存垃圾10万余吨，建公用垃圾池1890个，添置专用垃圾箱1.02万个，配备了清扫、清运工具，制定了村规民约，清理了暴露垃圾，选聘好了村组保洁员，农村环境卫生得到了极大的改观。城区"治灰""治堵""治乱"整治行动成效明显，启动了垃圾处置场建设、梅桥污水处理厂二期建设等工程，城市垃圾无害化处理率达100%，空气质量优良天数为100%，城市污水处理率79%。大力开展植树造林活动，全年共完成新造林6.5万亩，建成了黄市镇马坪村等3个楠竹丰产林建设示范点，该市楠竹垦复3.2万亩，森林覆盖率达42%，城乡生态环境持续好转。

在资兴市，生态环境明显改善。成功创建国家森林城市，东江湖正式获批"国家湿地公园"。一是狠抓林业生态建设，实施了城区绿化、通道绿化、矿山复绿等重点生态工程，完成造林绿化4.93万亩，森林覆盖率达74.6%。白廊乡、兰市乡荣获"国家级生态乡镇"，波水乡等6个乡镇通过"国家级生态乡镇"现场验收，七里镇等8个乡镇荣获"省级生态乡镇"。二是东江湖保护强力推进。投资5.8亿元启动东江湖生态环境保护项目23个，亚洲开发银行贷款东江湖生态环境保护项目已通过亚行专家中期评估。鲤鱼江污水处理厂实现试运行。深入推进东江湖网箱退水上岸,网箱面积控制到10万平方米以内。船艇污染整治、规模畜禽养殖退出、黄草燕子排区域污染治理等工作有序推进。三是节能减排成效显著,投资2亿余元的华润鲤电和南方金磊水泥烟气脱硝脱硫改造、丰越环保余热发电等项目竣工运行,依法关闭污染企业3家。

总之,在各资源枯竭型城市的积极推动下,相关措施的政策效应逐渐显现,不仅明确了湖南省资源枯竭型城市名单,建立了可持续发展的组织保障体系,审查论证了资源枯竭城市可持续发展规划,获得了中央财政支持,还在产业转型发展、社会民生保障、环境治理等诸多方面取得了成效,为进一步推动湖南省资源枯竭型城市可持续发展打下了基础。

3.2.3　法治在湖南省实施存在的问题

随着中央政策法规与地方配套政策法规的出台,湖南省资源枯竭型城市的可持续发展基本实现了有据可依,并取得了一定的成绩,然而,也应清醒地看到,资源枯竭型城市的可持续发展是一个复杂的社会工程,涉及深层次的利益格局调整。资源枯竭型城市可持续发展法治本身也可能存在不配套、不连贯甚至冲突的情况,所以,在具体的实施过程中,会出现一些与政策法规制定初衷不符的现象。研究试图归纳3个样本城市在法治实施过程中遇到的实际问题,以便为分析问题成因,提出解决方案提供现实依据。

3.2.3.1　法治目标在短期内难以完全实现

根据调研的情况来看,2007年《国务院关于促进资源型城市可持续发展的若干意见》制定的政策目标并没有完全实现,2020年的规划目标也存在变数。①

第一,资源枯竭型城市历史遗留问题并未较好解决。

资源枯竭型城市资源趋于枯竭,经济发展滞后,民生问题突出,生态环境压力大,这些历史遗留问题都亟待解决,而解决这些问题需要中央和地方投入更多的政策资源。

首先,资金缺乏。从调研的情况来看,中央财政转移支付资金对于资源枯竭型城市化解资源开发产生的历史遗留问题确实有着重要作用。如冷水江市,从 2008 ~ 2015 年,中央、省下达冷水江市的资源枯竭城市转移支付资金分别是:7100 万元、9100 万元、14,121 万元、16,444 万元、17,656 万元、19,785 万元、21,845 万元、21,845 万元,合计 127,896 万元,政策投入力度是比较大的。不过,这些资金的投入仍然不能切实地解决历史遗留问题。该市就指出,"资源枯竭城市转型是一项长期而艰巨的系统工程,不可能在短期实现跨越,资金需求至少在 400 亿以上。""自 2009 年以来,我市不仅资源枯竭,而且钢铁、有色、煤电、煤化、建材等主体企业下行压力逐年加大,目前煤矿大部分关闭,加上国家结构性减税政策的实施,主体税源锐减,但刚性政策性支出逐年增加,导致财政收支矛盾十分尖锐,从财政运行来分析,我市财政供养人员 1.6 万人,工资性支出需 8 亿元,单位基本运转 3 亿元,民生保障本级需 1.6 亿元,共计 12.6 亿元,但财政能统筹分配的机动财力只有 7 亿元(本级 4 亿元,上级 3 亿元),相差近 6 亿元。至

① 2007 年《国务院关于促进资源型城市可持续发展的若干意见》(国发〔2007〕38 号)规定,"2010 年前,资源枯竭城市存在的突出矛盾和问题得到基本解决,大多数资源型城市基本建立资源开发补偿机制和衰退产业援助机制,经济社会可持续发展能力显著增强。2015 年前,在全国范围内普遍建立健全资源开发补偿机制和衰退产业援助机制,使资源型城市经济社会步入可持续发展轨道。"《全国资源型城市可持续发展规划(2013 ~ 2020 年)》也规定,"到 2020 年,资源枯竭城市历史遗留问题基本解决,可持续发展能力显著增强,转型任务基本完成。"

2014 年我市财政赤字上升到 7 亿元,财政运行十分困难。我市急需国家和上级政府加大资源枯竭型城市基本支出的保障力度,确保工资发放、单位基本运转、民生政策等目标的实现。"①

其次,民生欠账较多。各个资源枯竭型城市在民生保障与环境治理方面都投入很多政策资源,在一些重点项目上取得了一定效果,但仍然需要持续努力。在民生保障方面,资兴市指出,因矿山资源枯竭,矿区困难人口增多,矿区低保对象大量增加。2000 年,该市城市低保对象仅 3638 人,2012 年的城市低保对象为 24,180 人,虽然 2013 年城市低保对象降至 21,754 人,但矿区低保对象高达 15,228 人,占总数的 70%。因东江湖水资源的依法保护,林木资源禁伐、限伐和网箱退水上岸等原因,导致救助对象居高不下。该市森工企业共 1760 名在职职工,有 1400 多名失业或隐性失业,部分林农收入减少,部分从事网箱养鱼且无耕地的库区农民失去此项赖以生存的收入。因矿山企业资源枯竭破产或关闭后,使周边农民失去了一条谋生之路,矿山周边农村救助对象增多。同时,用于社会保障方面的支出压力大。2002 年以来,原省属企业——资兴矿业集团的宇字、唐洞、宝源等 6 家矿山企业破产后,其社会职能机构移交该市社区管理,涉及居民 6 万多人。这些居民的计划生育、社会治安、社会保障、优抚安置等各项社会事务均由该市承担,使社区服务任务十分繁重,特别是维稳成本增加,财政压力增大。同时,中央专项地方配套资金压力大。中央下放煤矿棚户区改造涉及 1.31 万户 4.23 万人,概算总投资 15 亿多元,中央投资仅 3 亿多元,地方配套资金任务艰巨。还有一些破产改制企业部分职工未纳入城镇职工医保,职工上访现象较多。《湖南省劳动与社会保障厅关于困难企业职工参加城镇职工基本医疗保险的意见》[湘劳社证

① 2015 年 8 月 20 日,在资源枯竭型城市可持续发展立法研究调研会上冷水江市地税局提供的数据。

字(〔2007〕11号)]对参保范围有明确规定和限制,导致部分破产改制企业职工无法按当时政策纳入参保范围,因此选择参加城镇居民医保或者灵活就业人员医保,此部分原具有职工身份的人未能享受到城镇职工医保,对重新纳入城镇医保的期望值特别高,目前没有出台新的相应的文件依据,该群体职工总是想通过上访来寻找解决机会,建议省级有关部门能对上述人员的诉求予以高度重视寻求合理的解决办法,从而更好地保障他们的医疗需求维护社会稳定。①

最后,生态环境保护问题突出。在环境治理方面:一是矿山次生地质灾害依然严重。冷水江较常见的矿山次生地质灾害,主要有地面变形(包括地面坍塌,地面沉降、地裂缝)、滑坡、塌陷、矿渣流、地下水位变异等,其中最严重的为地面变形,造成的损失最大,其次为滑坡,矿渣流地下水位变异等。宝大兴地区,S4312沿线等地受地面变更威胁的居民仍然生活在水深火热当中。近五年来,资兴市矿区共发生自然灾害6次,经济损失达35亿元;矿山地质灾害共发生6次;地裂缝、废弃矿坑、矸石山、尾矿堆场等矿山地质灾害隐患530处,影响面积41.5平方公里,不仅严重威胁事发地企业及居民生命财产安全,还严重污染或破坏了周边环境。② 二是占用及破坏土地资源。矿山开发占用和破坏土地资源是一个非常普遍的环境地质问题,几乎每一个矿山或多或少都存在占用及破坏土地资源的现象。据统计,截至2013年年底,该市矿山企业矿山建设用地、废渣堆存地共占用破坏土地约650公顷。三是水污染严重。除锡矿山闪星锑业和金竹山煤矿等少数大型国有企业配有污水处理系统外,大部分企业排放的污水只是经

① 2015年8月26日,在资源枯竭型城市可持续发展立法研究调研会上资兴市人社局提供的数据。

② 2015年8月26日,在资源枯竭型城市可持续发展立法研究调研会上资兴市发改局提供的数据。

过简单沉淀就直接排放，对矿区周边水体造成极大的污染，矿山所排放的大量废石、尾矿、冶炼残渣和炉渣，经雨水冲淋，砂石横流，不仅破坏采矿区下游区域植被、劣化土质，而且淤塞溪沟河道，造成重金属污染。这主要是因为矿产资源开发力度大，点多面广，治理难度相当大；矿业开发历史时间长，历史遗留责任主体灭失等原因。①

第二，转型发展任务尚未完成。

首先，产业衰退援助机制运转乏力。资源枯竭型城市问题主要因矿业产业衰退引发，因此，需要通过多种措施对相关产业进行一定的援助，合理规划资源型产业的退出时间、阶段，引导生产要素从资源产业流动到非资源产业，特别是新兴替代产业中，化解传统产业历史遗留问题，解决资源型产业退出过程中出现的种种社会问题。在相关政策法规实施过程中，尽管已经作出了一些努力，但成效并不显著。

在这方面，现有政策法规实施的重点主要在于淘汰落后产能、关闭一定数量的矿山和整合矿业企业。耒阳市煤炭部门负责人在座谈时就指出："国家有一个关于煤矿安全的 99 号文件，对南方的煤矿就是一个打压的态度，因为煤层薄、不稳定，地质构造复杂，九万吨以下的煤矿事故和死亡人数亡占了全国 50% 以上，特别突出的矿井占了 70% 以上。"所以，"九万吨以下的煤矿"都要关闭。但关停并转，只是有助于做大做强龙头企业，并不能完全化解矿产行业现实面临的严峻问题。

在座谈会上，耒阳市煤炭部门负责人提到了矿业企业遇到的困难："近期全市生产煤矿煤炭库存量日渐增大，煤炭严重滞销，截至 2015 年 7 月底，全市煤矿煤炭库存，约 15 万吨，超过历史最高水平。""全市大部分煤矿由于前期整合，整改注入的大量资金都是靠银行贷

① 2015 年 8 月 20 日，在资源枯竭型城市可持续发展立法研究调研会上冷水江市国土局提供的数据。

款和民间高息融资，加之近几年来受全国煤炭大形势影响，煤炭价格急剧下滑，现有生产煤矿按照现在煤炭市场行情和生产成本，几乎无利可图，有的煤矿甚至出现了负运转，前期背负的巨额债务利息无法偿还，后期所需的安全投入更是无法保障，安全隐患整改资金很难到位，并且出现了因债务问题造成的一些社会纠纷。”“我市市政府正积极加强与中信银行、农商行等金融机构沟通协调，通过种子基金的形式向资源条件好，发展后劲足的煤矿企业发放贷款，解决当前的资金困难，同时适当降低煤炭规费和采矿权价款征收标准，欠缴的采矿权价款分批分期适当延期缴纳，且可申请免缴滞纳金。”①显然，随着资源产品价格下滑，矿产行业整体在近年来的经营情况都不是很好，亟须予以援助，但，地方财税体制是“输血型”体制，本级财税留成比例低，属于吃饭财政②，解决矿山历史遗留问题都心有余而力不足，更无力对矿业企业进行援助。

其次，替代产业扶持激励不足。在调研的几个城市，都明确了各自的替代产业发展方向，新上马了一批相关项目。如冷水江市实施了年产1万吨超细二氧化硅气凝胶扩建、年产16,500吨特殊钢用环保增强炉衬材料、5万千瓦风力发电场、年产100万件高档木纤维T恤内衣生产线、年产2万吨葛根系列产品深加工等一批重点项目。2012年，以光电科技产业园和循环经济产业园开工建设为标志，该市产业转型迈上了一个新的台阶。耒阳市2013年培育建成富鑫机械、龙飞机械等4个项目，承接深圳新达微轴承、广东颖峰数控机床等3个项目，7个项目总投资达8.9亿元，产业规模进一步扩大，产品种类及科

---

① 2015年8月26日，在资源枯竭型城市可持续发展立法研究调研会上耒阳市煤炭局提供的数据。

② 2015年8月20日，在资源枯竭型城市可持续发展立法研究调研会上冷水江市发改局提供的数据。

技含量得以提升。资兴市创建了"国家5A级旅游景区",打造了千亿园区,鑫京鸿电子、新清兰科技等先进制造业项目和恒晟科技、杉杉新材料二期等新材料产业项目实现集群发展。

同时,一些城市出台了替代产业扶持政策。如冷水江市在改造提升传统产业、企业改制、招商引资等方面制定了一系列的优惠政策,主要是低地价供地、行政事业性收费减免、税收本级所得前2年全返后3年返半政策,对转型发展的重要平台"经济开发区"财政投入,即土地出让金全部投入、税收本级所得全部投入、设立招商引资专项资金、基础设施建设资金投入等。①

然而,正如调研时资兴市发改部门负责人所提到的那样,"列入全国资源枯竭型城市以来,加大了产业结构调整力度,取得了一定成效,但由于产业结构长期单一失衡,传统产业竞争力不强,煤炭这一经济资源已枯竭,森林、东江湖水资源需要保护,土地资金等要素制约仍然突出,新兴接续替代产业的培育和发展任务十分艰巨和紧迫。"②显然,单纯依靠政府投入的方式推动替代产业发展,既不现实也难以取得成效。

3.2.3.2 *矿产资源开发过程中违法行为时有发生*

自然资源开发过程中的秩序混乱、违法行为是导致资源开发利用过度、生态破坏的关键,也是产品价格扭曲、资源开发无法获得合理补偿,利益分配机制失衡等问题的原因。在调研中发现,3个资源枯竭型城市有关监管部门都不同程度地加大了对矿产资源开采秩序的监管,并试图通过关闭、整合矿产企业,实现资源开发的有序。然而,在

① 2015年8月20日,在资源枯竭型城市可持续发展立法研究调研会上冷水江市地税局提供的数据。

② 2015年8月26日,在资源枯竭型城市可持续发展立法研究调研会上资兴市发改局提供的数据。

矿产资源开发过程中违法行为仍然时有发生，其主要问题体现在以下3个方面：

第一，非法矿业企业数量经过整治虽然大幅减少，但容易死灰复燃。

在冷水江市，自2010年全面启动涉锑企业整顿及生态恢复工程以来，锡矿山地区环境压力得到有效缓解。但非法手工选矿小作坊屡禁不止等问题，给当地经济发展和居民生活造成了重大影响。在2011年9月，整治行动就取缔了手工选矿小作坊338个，拆除非法建筑95栋。[①] 在资兴市，20世纪90年代，乡镇主办的小煤窑曾经有300多家，在产业政策调整下，关停并转的小煤矿已经达到原有数量的80%（2011年数据）[②]，后又关闭东江湖流域内4家铅锌矿，捣毁非法选矿点20余处[③]。在耒阳市，2012年3月，耒阳市国土资源局开展取缔行动24次，对1家非法煤矿、23处非法大理石场、31处非法锰矿、1处油泥非法开采点以及1处无证河砂场进行了取缔。[④]

第二，超深越界、非法开采现象仍然存在。

在耒阳市，近五年查处的违法开采资源案件大约207起，主要是超深越界开采，以罚金的方式予以处罚，加大巡查力度，永久密闭方式整改。[⑤] 在冷水江市，近五年来，累计查处矿山企业超深越界开采案

---

① 周俊等：《冷水江市全面取缔手工选矿小作坊》，载冷水江新闻网文献库：http://www.lsjxww.com/news/ShiZhengXinWen/9543.html，最后访问日期：2015年4月8日。

② 2015年8月26日，在资源枯竭型城市可持续发展立法研究调研会上资兴市煤炭局提供的数据。

③ 同上。

④ 钟林斌、蒋从陆：《耒阳局取缔57处非法采矿点》，载中国国土资源网文献库：http://lysq.com/forum.php? mod = viewthread&tid = 1621645.，最后访问日期：2015年4月8日。

⑤ 2015年8月26日，在资源枯竭型城市可持续发展立法研究调研会上耒阳市国土局提供的数据。

件70余件,虽然涉事企业都能积极配合调查处理,并被责令停产整顿,退界整改,没收违法所得,并处罚款。但开采中遇到的阻碍还是很多:一是超深越界开采发现难、监测难,需要专业执法人员实地核查和有资质的专业测量队伍实地测量,特别是以煤矿、锑矿为代表的井工矿山企业,所有的巷道都在井下,井下巷道错综复杂,隐蔽性强。二是该市是典型的资源枯竭型城市,煤和锑两种代表性的开采矿种已开采几十年,甚至上百年,矿产资源几近枯竭,一部分煤矿靠残采维持,锡矿山地区锑矿,S312线两旁煤矿、金竹山矿业塘冲工区周边煤矿等国有大矿周边的一部分小型矿山企业,其合法矿区范围内的可采资源储量已不多,主要靠超深越界开采来维持企业生存,而他们想扩资源又难以实现,所以当执法部门去查处时,这些矿山企业非常配合,组织推进整改,当执法部门查处结案后,这些矿山企业又立即进到超深越界区域,组织生产作业,出现多次超深越界开采。三是尽管近几年关闭了一部分锑矿和煤矿,但是保留的煤矿还有相当一部分存在超深越界开采。四是井下开采情况异常复杂,鉴定超深越界开采非法所得难度大,必须花高价请有资质的机构进行鉴定,才具备法律效力,且走这个鉴定程序所需时间长。①

第三,无证、超期非法开采仍屡禁不止。

冷水江市,近五年来累计查处无证非法开采案件20余件。查处无证非法开采遇到的阻碍主要有:一是无证非法开采人员不确定,开采地域不确定,这些人员利用节假日、夜晚组织"游击式"非法开采,难以发现,难以查获,在该市范围内,仍然存在个别非法开采现象。二是该市30家砖厂,没有一家办理采矿许可证,无序非法取黏土,取油土问题没有得到有效治理,还在继续破坏砖厂附件的地质环境。此

① 2015年8月20日,在资源枯竭型城市可持续发展立法研究调研会上冷水江市国土局提供的数据。

外，近五年来，该市累计查处矿山企业证照过期非法开采案件 7 件，查处矿山企业证照过期非法开采遇到的阻碍主要是：矿山企业办理采矿许可证延续登记和扩界手续，上缴相关费用多，需提交的资料多，办证程序复杂，办证时间长，有的矿山企业采矿许可证过期失效时，新的采矿许可证未能及时办理好，而井工矿山企业一旦停产，就将带来较大的损失，所以，有的矿山企业冒着风险组织证照过期非法生产。①

3.2.3.3　可持续发展责任追究机制不完善

资源枯竭型城市政策法规的落实，依赖严格的责任规定与责任追究机制。

具体而言，相关企业的责任主要是有序开发利用资源，防治污染、保护生态环境，开展清洁生产、促进循环经济，确保职工福利等方面。通过调研发现，矿产企业现阶段主要还是以营利为主，营利以外的社会目标则考虑的少之又少。如冷水江市环保部门负责人指出："认识不足、重视不够，长期以来受利益驱动在政府和企业两方面都存在，重资源开发，轻矿山环境保护的误区，许多矿山不惜以牺牲环境为代价，来换取短期经济效益，在矿山环境保护与治理上重视不够。"

第一，是非法开采，如在耒阳市，近五年查处的违法开采资源案件大约 207 起，主要是超深越界开采。在冷水江市，近五年来，累计查处矿山企业超深越界开采案件 70 余件。

第二，是安全生产问题。资兴市安监局指出，职业安全健康工作存在一些薄弱环节和突出问题，主要表现在，一是作业场所职业危害防治形势不容乐观，个别企业，特别是乡镇企业、园区私营企业设备简陋，生产工艺落后，职业危害比较严重，部分企业职业健康检查率偏低，没有配备防护设施及个人防护用品，极易引发职业病。二是企业

---

① 2015 年 8 月 20 日，在资源枯竭型城市可持续发展立法研究调研会上冷水江市国土局提供的数据。

法制观念淡薄,认识不到位。企业负责人对作业场所职业危害防治工作的重要性认识不足,没有把职业健康工作作为一项长期的任务来抓,劳动用工不规范,不向员工告知作业场所存在的危害因素和防护措施,不为职工建立健康档案。①

第三,是生态环境问题。例如,近五年来,资兴市矿区共发生自然灾害6次,经济损失达35亿元;矿山地质灾害共发生6次;地裂缝、废弃矿坑、矸石山、尾矿堆场等矿山地质灾害隐患530处,影响面积41.5平方公里。不仅严重威胁事发地企业及居民生命财产安全,还严重污染或破坏了周边环境。②。而且,部分企业不愿意缴纳矿山地质环境治理备用金。如资兴市国土局指出,虽然经过大力宣传,矿山企业环境保护意识有所增强,但由于受效益的影响,矿山地质环境治理备用金普遍存在没有足额缴纳现象,特别是老的矿山企业。

第四,是责任规避现象。多地指出,矿业开发历史时间长,历史遗留责任主体灭失的问题普遍存在,长期未得到妥善解决。

在调研过程中,各个城市一般都倾向于突出成绩,少谈问题,如果谈问题,也主要在于如何争取上级政府的政策、资金支援,而对于自身责任谈的很少。不过,责任是无法回避的。一方面,资源型城市政府和相关部门在加强矿产资源开发利用秩序管理上、生态环境整治上、社会保障方面都负有不可推卸的责任。另一方面,各级政府对于推动资源枯竭型城市转型发展的负有特定责任。包括组织领导责任、绩效考核评估责任、监督检查责任、宣传责任等。

总之,资源枯竭型城市可持续发展法治在具体实施过程中,出现

---

① 2015年8月26日,在资源枯竭型城市可持续发展立法研究调研会上资兴市安监局提供的数据。

② 2015年8月26日,在资源枯竭型城市可持续发展立法研究调研会上资兴市发改局提供的数据。

了诸如产业衰退援助机制运转乏力、替代产业扶持激励不足、财政援助政策不力、可持续发展责任制度不完善等诸多问题,亟须通过有效途径进行化解,以真正推动资源枯竭型城市可持续发展。

3.2.4 法治在湖南省实施对全国的标本意义

选取湖南作为样本展开对资源枯竭型城市法治实施的分析,其意义正在于湖南的典型性。一方面,正如前文所述,湖南省资源枯竭型城市问题非常严重。由于长期的无序开采,"资源诅咒"现象开始出现,湖南省内若干城市出现了资源枯竭、经济停滞的情况。在《国务院关于印发全国资源型城市可持续发展规划(2013~2020年)》所列明的资源型城市中,湖南占了14座,其中,地级市4座,县级市7座,县3座。省内资源型城市数量在全国排第4,仅次于云南17座、河南和辽宁各15座。另一方面,由于湖南省长沙、株洲、湘潭城市群在2007年获批全国资源节约型和环境友好型社会建设综合配套改革实验区。而"长株潭城市群"综合配套改革实验区的一个重要改革领域就是"资源节约利用、环境保护、产业结构优化升级",所以,选取湖南作为资源枯竭型城市法治实施的观察样本,可以以点带面对资源枯竭型城市在全国的情况有一个初步的了解。具体来看,法治在湖南省实施对全国的标本意义,主要体现在以下3个方面:

第一,作为中部省份、资源大省,湖南已经开始意识到资源枯竭型城市的严重问题,并在国家政策法规推动下结合自身特点采取积极措施,正视和化解资源枯竭型城市问题。这些措施包括明确资源枯竭型城市名单、建立资源枯竭型城市可持续发展的组织保障体系、制订并审查论证了资源枯竭城市转型可持续规划、设立并拨付了资源枯竭城市中央财政转移支付资金,以及围绕传统衰退产业的改造升级、替代产业的培育、保障和改善民生、环境治理和生态保护等重点内容开展了一系列工作,取得了初步的成效。

第二,在执行中央政策和法律法规过程中,仍然面临着诸多的问题。包括法治目标在短期内难以完全实现,可持续发展任务尚未完成,矿产资源开发过程中违法行为时有发生,可持续发展责任追究机制不完善等问题。这些问题不仅仅是湖南一省的问题,也是一个全国共性的问题,亟须通过有效途径进行化解,以真正推动资源枯竭型城市可持续发展。

第三,从湖南样本看,资源枯竭型城市治理问题不仅需要中央政府的支持,也需要地方政府,包括省一级、市一级、县一级的积极推动。一方面,中央政府负有全局性调控、地区性平衡的职责,负有制订规划、战略,设置机构、提供资金援助的义务,因此,国家的立法不可或缺;另一方面,资源枯竭型城市的转型发展任务的落实关键在地方,包括省一级、市一级、县一级等。地方负有"依照法律规定的权限,管理本行政区域内的经济、教育、科学、文化、卫生、体育事业、城乡建设事业和财政、民政、公安、民族事务、司法行政、监察、计划生育等行政工作,发布决定和命令,任免、培训、考核和奖惩行政工作人员"的责任。推动资源枯竭型城市可持续发展是地方政府应尽的职责之一。因此,在国家制定专门立法时,地方也应积极考虑进行地方性立法,以形成涵盖国家和地方的多层次法治体系。

4. 资源枯竭型城市可持续发展法治存在的问题及原因

资源枯竭型城市可持续发展法治在具体实施过程中,出现的诸如产业衰退援助机制运转乏力、替代产业扶持激励不足、财政援助政策不力、可持续发展责任制度不完善等诸多问题,在一定程度上反映出我国资源枯竭型城市可持续发展法治的不完善现状。无论在法治理念、法治体系、具体的制度建构等方面都存在值得深入反思和继续探索的地方,亟须系统梳理、归纳、检视,并客观分析成因,为提出有针对性的完善建议打下基础。

4.1 资源枯竭型城市可持续发展法治存在的问题

就本质而言,资源枯竭型城市可持续发展法治是区域协调发展性质的法治,是突出体现以人为本、绿色发展、和谐发展的法治。经过若干年的实践探索,我国已初步形成了以国务院两个重要文件①为政策基础,以环境治理、经济转型和社会保障为主要内容,覆盖准入与开发、拓展与扶持、转型与退出全过程的资源枯竭型城市治理规则体系。不过,这些治理规则在法治体系结构和具体制度建构上仍不完善,存在诸多问题。

4.1.1 资源枯竭型城市可持续发展法治结构性问题

4.1.1.1 在规制路径选择上,政策指导被倚重,政策法治化程度较低

政策与法治是展开规范、调整、引导的两个重要手段。政策具有现实性和有效性的统一、稳定性和变通性的统一、原则性和灵活性的统一、层次性和相关性的统一、时间性和空间性的统一、系统性和权威性的统一等特征。这些特征一方面为迅速解决资源枯竭型城市问题提供了政策方案,表明了政府的积极态度,也较好地回应了公众的要求;另一方面这种层次性、灵活性、变通性事实上为资源枯竭型城市治理的实践探索提供了有力支持,政策转换的社会成本相对较低,也不至于引发太大的社会抗议,因此,政策在一定阶段成为了资源枯竭型城市治理的重要工具。而法治能够以明确的制度规

---

① 分别是《国务院关于促进资源型城市可持续发展的若干意见》国发〔2007〕38号和《国务院关于印发全国资源型城市可持续发展规划(2013~2020年)的通知》(国发〔2013〕45号)。

范约束各类利益主体行为，有助于克服传统政策依赖型导致的短期性、不稳定性，能有效推动资源枯竭型城市可持续发展的稳步展开，所以，政策与法治在推动资源枯竭型城市可持续发展上，具有互补的功能优势，两者应相互配合不可偏废，在条件成熟时还应该积极推动政策向法治化方向发展，以利于形成稳定的制度预期。

而我国现实情况却是，资源枯竭型城市可持续发展在规制路径选择上过于倚重政策的指导、调控，政策法治化之路并未真正开启。目前，我国关于资源枯竭型城市可持续发展的规范性文件，主要是国务院两个重要文件和地方的相关文件。

表 16　国家及湖南资源枯竭型城市可持续发展的规范性文件

文件名称	颁布单位	发布时间
《关于促进资源型城市可持续发展的若干意见》国发〔2007〕38号	国务院	2007 年 12 月 18 日
《全国资源型城市可持续发展规划（2013～2020 年）的通知》国发〔2013〕45 号	国务院	2013 年 11 月 12 日
《关于促进资源型城市可持续发展的实施意见》湘政发〔2012〕	湖南省人民政府	2012 年 7 月 12 日
《关于促进传统老工业工矿区转型发展的实施意见》	湖南省人民政府办公厅	2014 年 8 月 7 日
《关于支持娄底市资源型城市转型发展的实施意见》	湖南省人民政府办公厅	2015 年 1 月 27 日

从表 16 可以看出，国家和地方规范资源枯竭型城市可持续发展的主要制度工具仍然是政策。其中，前两部是国务院制定颁布，第 3 部是省政府，后两部则由省政府办公厅下发。这些规范性文件一般以“意见”或“实施意见”的形式颁布，内容涵盖面较广，政府指令性内容

较多。从性质上看,它们只能算是规范性文件,或者称为国家机关的决策和决定,虽然是法的渊源之一[①],但不能称其为法律法规。

以政策调整为规制依据,在实践过程中常常会产生诸如决策不合理、短期性、政策变动不定的现象,从而对资源枯竭型城市治理带来误导效应。从国外的情况来看,其资源枯竭型城市可持续发展政策法治化水平要明显高于我国。如同样是政府主导型发展的日本,在1962~1991年曾先后9次修订了煤炭政策,不过,政策的制定并没有阻碍法治的进程,日本先后制定了诸如《人口过疏地区活化情别措施法》《不发达地区开发工业促进法》《新产业都市建设促进法》《国土综合开发法》《特定产业临时措施法》《产煤地区振兴事业团的部分修正法》《国土利用计划法》《特定萧条地区离职者临时措施法》《特定萧条地区中小企业对策临时措施法》《特定萧条产业和地区劳动者就业安定特别措施法》《特定萧条产业关联地区对策临时措施法》《高技术工业集聚地区开发促进法》等多部法律,从而形成了较为完备的政策法规体系。因此,我国过分倚重政策指导的思路应该及时调整,推动政策法治化是一个重要方向。

4.1.1.2 在规制体系上,相关立法较多,专门立法欠缺

资源枯竭型城市可持续发展法治是涉及面很广、综合性很强的法律体系。正如在第四章中所归纳梳理的那样,至少包括有序开发综合利用资源、构建多元化产业体系、切实保障和改善民生、加强环境治理和生态保护、财政转移支付与征收资源税费等方面的立法。

---

① 国家机关的决策和决定,这种法的渊源主要有行政机关的行政命令、行政措施、重要文告等。行政机关在依法行政的过程中,需要通过发布行政命令、采取行政措施、颁布行政文告的方式行使职权和履行职责。实施这些行政行为所积累的经验和形成的规则,可以或应当提升为法律规范。在中国法律、法规、规章中,有大量的规则就是由这些决策和决定提炼而成或提升起来的。参见张文显:《法理学》(第3版),法律出版社2011年版,第92~93页。

我国目前的立法情况是，相关方面的立法较多，而资源枯竭型城市专门立法却一直欠缺。如有序开发综合利用资源方面的法律，包括《矿产资源法》《土地管理法》《煤炭法》《矿山安全法》等；构建多元化产业体系方面的法律，包括《科学技术进步法》《促进科技成果转换法》《中小企业促进法》等；切实保障和改善民生方面的法律，包括《职业教育法》《就业促进法》《社会保险法》等；环境治理和生态保护方面的法律，包括《环境保护法》《水土保持法》《固体废物污染环境防治法》《海洋环境保护法》等；财政转移支付与征收资源税费方面的法律，包括《预算法》等。

从总体上看，相关专门立法的发展进程仍然比较滞后，虽然已经有了颇多的立法动向，但实质性进展并不大。如2009年，在国家发改委主导下已经将相关立法列入国务院立法规划，并展开了大量前期调研和准备工作，但从总体上看，相关立法的推进速度仍然较为缓慢。虽然，不断有人大代表与政协委员提出相关议案、提案，但仍处在论证过程中。在现有的立法中，其实很难看到资源枯竭型城市立法的内容。通过北大法宝法律法规检索系统，搜索全文含有"枯竭"为关键词的法律法规，只能搜到两部法律①——《煤炭法》②《就业促进法》③。

所以，现实情况是，资源枯竭型城市可持续发展基本上处于无专门法律法规可依的情况。国家和地方层面都难以找到一部资源枯竭型城市可持续发展法律法规，我国区域协调发展法治也基本处在空白状态。正如有学者在分析区域协调法治时指出的，目前，国家政策仍

---

① 这两部法律排除了《环境保护法》规定的水源枯竭的内容。

② 《煤炭法》第26条第2款规定，煤炭生产许可证的有效期限届满或者经批准开采范围内的煤炭资源已经枯竭的，其煤炭生产许可证由发证机关予以注销并公告。

③ 《就业促进法》第57条规定，国家鼓励资源开采型城市和独立工矿区发展与市场需求相适应的产业，引导劳动者转移就业。对因资源枯竭或者经济结构调整等原因造成就业困难人员集中的地区，上级人民政府应当给予必要的扶持和帮助。

然是我国调控区域协调发展的主要依据,而唯有《西部开发促进法》已经列入了全国人大立法计划。区域协调发展基本法缺位、特别区域立法尚属空白、区域协调发展政策法律化程度不够①是我国区域协调发展法治的现状。国外的情况却不同,美国、日本等发达国家很早就注意到区域发展不平衡的问题,并通过制定专门的立法②,推进区域协调发展。因此,专门立法缺失是我国资源枯竭型城市可持续发展的一个重要障碍。

4.1.1.3　在规制主体上,偏重于国家层面的立法,地方层面立法较少

资源枯竭型城市可持续发展不仅事关国家经济社会发展全局,更与地方的可持续发展息息相关。如德国《基本法》所规定的那样,“要在全国各地实现均等化的生活水平”“区域政策作为州和联邦三项共同任务之一”。而要实现这样的目标,离不开地方政府的积极作为。1969年,德国《改善地区经济结构共同任务法》规定,相关政策的具体执行由州政府来实施,联邦只是给予指导、协助,并提供经济帮助。所以,资源枯竭型城市的治理与转型,需要中央和地方携手共进形成多层次的法治体系,两方面都不可或缺。

而我国实际情况却是,国家层面相关的政策法规动作不断,地方层面的立法却很少。同样以湖南为例,在第4章中已经分析指出,湖南省是较为少见的制定了专门的资源型城市可持续发展规范性文件的省份。这些规范性文件分别是,《湖南省人民政府关于促进资源型城市可持续发展的实施意见》(湘政发〔2012〕20号)《湖南省人民政府办公厅关于促进传统老工业工矿区转型发展的实施意见》(湘政办

---

① 徐文东、华国庆:《中国区域协调发展立法体系研究》,载《大连大学学报》2009年第5期。

② 如美国的《地区再开发法》、日本的《国土综合开发法》等。

发〔2014〕64号）和《湖南省人民政府办公厅关于支持娄底市资源型城市转型发展的实施意见》（湘政办发〔2015〕9号）。

然而，这3个规范性文件都属于政策性文件，其核心内容大都比附、照搬国家政策文件的规定。一方面，政策的效力较低、强制性不够，短期性、变化性影响因素很大；另一方面，这些政策在内容上也缺乏湖南"本土化"内容。正如前述，湖南矿藏丰富，素以"有色金属之乡"和"非金属之乡"著称。湖南省内资源型城市有14座，其中，地级市4座，县级市7座，县3座。省内资源型城市数量在全国排第4，仅次于云南17座，河南和辽宁各15座。这些城市所属的资源型城市类型不同，主体资源不同，替代产业发展程度也不一样，都笼统地规定同一的"工作目标"，规定同一的"重点任务"，如"培育壮大接续替代产业""加强环境整治和生态保护""着力解决就业等突出社会问题""建立资源型城市可持续发展的长效机制"①等是否能够有针对性地开展类型化治理，确实值得反思。

应该指出的是，制度资源有限并不应成为地方政府较少作为的理由。地方政府依据《宪法》的规定，负有相关责任。② 推动资源枯竭型城市可持续发展显然是地方政府的职责使命之一。而且，在资源枯竭型城市所在的省份中，也不乏广东、山东、江苏、浙江这样的富裕省份，这些省份大力推动资源枯竭型城市治理和发展既"应为"且"可为"，能够发挥信息优势，结合地区实际采取更有针对性的措施。可现实情况却是，"等、靠、要"中央政策支持的心态决定了地方政府行为，努力申请进入"资源枯竭型城市"大名单成为一种目标，"跑部钱进"成为

① 《湖南省人民政府关于促进资源型城市可持续发展的实施意见》（湘政发〔2012〕20号）。

② 《宪法》第107条规定："依照法律规定的权限，管理本行政区域内的经济、教育、科学、文化、卫生、体育事业、城乡建设事业和财政、民政、公安、民族事务、司法行政、监察、计划生育等行政工作，发布决定和命令，任免、培训、考核和奖惩行政工作人员"。

一种常态，如此一来，撂下的就只能是地方政府应尽的职责。

4.1.1.4 在规制重点上，实体性规范较多，约束权力运行的程序性规范较少

目前，与资源枯竭型城市相关的政策法规，在规制重点上突出体现为实体性规范较多，约束权力运行的程序性规范较少。这些实体性规范表现为开发利用秩序规范、新兴替代产业建设、生态环境保护、社会民生保障等各个方面，其目的都在于通过各种具体制度措施对资源枯竭型城市进行援助、并推动其可持续发展。例如，在有序开发综合利用资源方面，相关政策文件就规定应当发展绿色矿业、加大资源勘探力度，优化矿产资源开发格局，促进资源利用效率等主要措施，①且这些措施下面又详细规定了更为具体的推动措施，从而整体上构成了推动有序开发综合利用资源的制度屏障。

这些政策法规措施实施起来确实能产生一定效果，不过，也应该看到，这些措施也可能存在政策失效、政府失灵的情况。因为，权力必须要确定其边界，否则就会产生恣意妄为。“所有拥有权力的人，都倾向于滥用权力，而且不用到极限绝不罢休。”②而且，由于存在客观的信息不对称情况，决策者有时很难把握真实情况，从而制定切实有效的规定。进言之，资源枯竭型城市可持续发展不仅需要实实在在的制度措施推动其可持续发展，也需要规范和约束制定措施的人的行为，使政府的政策法规制定和实施行为严格依据法律程序在法律授权范围内展开，使相关的政策法规的规划、出台、法律责任的承担等都有法可依，以此抑制政府的盲目和冲动，促使政府在尊重市场理性的基

① 《国务院关于印发全国资源型城市可持续发展规划（2013～2020年）的通知》（国发〔2013〕45号）

② ［法］孟德斯鸠：《论法的精神》（上册），许明龙译，商务印书馆2012年版，第185页。

础上推动地区振兴。①

而我国目前恰恰缺乏这方面的立法。无论是决策主体及其权限配置制度、决策程序制度,还是政策法规保障制度、立法后评估制度、退出制度或者政府法律责任制度等都没有系统的法律规定。换言之,即使现在已经有了资源枯竭型城市可持续发展的专门政策法规,如果没有法治来约束这种制定政策法规的行为,也将会使法治运行实效大打折扣。

总之,从现行资源枯竭型城市法治的结构性问题来看,确实存在诸如政策指导被倚重,政策法治化水平较低;相关立法较多,专门立法欠缺;偏重于国家层面的立法,地方层面立法较少;实体性规范较多,约束权力运行的程序性规范较少;政府推动较多,市场机制发挥不畅;环境治理、社会保障内容较多,而产业转型内容较少等问题,亟须通过法治结构的调适予以矫正完善。

4.1.2　资源枯竭型城市可持续发展法治的具体制度问题

除了法治的结构性问题,从内容角度观察,资源枯竭型城市可持续发展法治还存在诸多的具体制度问题。这些问题很多已经在前述湖南省法治运行实践中反映出来,本书将结合实际,从加强环境治理和生态保护、切实保障和改善民生、构建多元化产业体系、有序开发综合利用资源、财政转移支付与征收资源税费5个方面进行具体阐述。

4.1.2.1　有序开发综合利用资源方面

第一,矿产资源勘查制度。

资源枯竭型城市的可持续发展不仅需要替代产业的迅速发展,也需要尽量延缓衰退产业的生产周期,延长矿山服务年限。这就要求不断推进和完善资源枯竭型城市矿产资源勘查制度。一方面,开展深部

① 刘桂清:《产业政策失效法律治理的优先路径——“产业政策内容法律化”路径的反思》,载《法商研究》2015年第2期。

资源潜力评估,展开相关矿体的深度勘查活动,在外围和深部加大找矿的力度;另一方面,实施接替矿产资源找矿项目,展开对隐伏矿床的勘探发掘。虽然,我国目前正在实施“找矿突破战略行动”①,并增加了危机矿山接替资源找矿专项资金,但从现有法治情况来看,《矿产资源法》并未对找矿事项作出具体规定。实际调研中也发现,“找矿突破战略行动”向资源枯竭型城市倾斜的力度并不大,很多矿山面临无矿可采的局面,不得不铤而走险超深越界非法开采。

第二,重要矿产资源保护性开采制度。

冷水江市是“世界锑都”“金属之乡”。其中,稀土、钨、锑等优势矿种更是国家重要的战略储备矿种,关系到整个国家的能源安全。在调研中,发现一些大型企业,如锡矿山闪星锑业公司已经在同行业中居于领先地位,而国家对于这样的重点矿种矿产地并未建立有效的储备制度,虽然已经开始通过关停并转实施产业整合,提升行业话语权②,但并未合理调控相关优势矿种的开采总量,而且不时有违法开采现象发生。

第三,绿色矿山制度。

绿色矿山,是指矿产资源开发利用与生态环境保护相协调的矿山,具有开采方式科学化、资源利用高效化、企业管理规范化、生产工

① 国民经济和社会发展第十二个五年规划纲要明确提出,实施地质找矿战略工程,加大勘查力度,实现地质找矿重大突破,形成一批重要矿产资源的战略接续区,建立重要矿产资源储备体系。据此,国土资源部、发展改革委、科技部、财政部会同有关部门编制了《找矿突破战略行动纲要(2011~2020年)》(以下简称《纲要》),以石油、天然气、铀、铁、铜、铝、钾盐等重要矿产为重点,开展主要含油气盆地、重点成矿区带地质找矿工作,力争用8~10年的时间新建一批矿产勘查开发基地,重塑全国矿产勘查开发格局,为我国经济社会可持续发展提供有力支撑。

② 冷水江市煤矿由2001年的243家整合到现在的65家,关闭涉锑企业100多家,锑冶炼企业整合成9家。关闭力度历史罕见,英国《金融时报》、新华社、人民日报、中央电视台和多家网站做了深度报道,特别是锑企业的整合,大大增强了行业话语权。

艺环保化、矿山环境生态化、企业社区和谐化的特点。《全国矿产资源规划(2008～2015年)》提出了发展绿色矿业的要求。2010年国土部下发《关于贯彻落实全国矿产资源规划发展绿色矿业建设绿色矿山工作的指导意见》进一步规定了推进绿色矿山建设的思路、原则、目标。不过,现有的绿色矿山制度仍不完善,并未明确不同地域、类型企业的绿色矿山标准,对老矿山改造不力,对新矿山强制要求不足。

第四,矿产资源有偿使用制度。

矿产资源有偿使用意味着将环境成本内部化,从而运用市场杠杆节约利用资源。近年来,我国不断推进矿产资源有偿使用制度改革,一是加强矿产资源补偿费征管工作。不断丰富征管手段,强化监督管理,征收面和征收率大幅提升,矿产资源补偿费征收入库额保持稳定增长。二是不断深化矿业权有偿取得制度改革。从2006年开始,国土部会同财政部按照国务院的要求全面实行矿业权有偿取得,基本上要求以招、拍、挂等形式出让矿业权。同时,要求对无偿占有国家出资探明矿产地的探矿权和无偿取得的采矿权进行清理,要求矿业权人按评估备案结果缴纳价款,避免矿业权取得的双轨制。三是进一步健全矿业权价款评估制度。陆续出台了《矿业权评估管理办法(试行)》《关于规范矿业权出让评估委托有关事项的通知》《关于规范矿业权评估报告备案有关事项的通知》《矿业权评估准则》等文件,不断健全现行矿业权评估管理制度体系。①

不过,在调研中仍然发现,当前矿产资源有偿使用制度问题重重:国家矿产资源资产权益亟待维护,突出表现在部分矿种矿产资源补偿费率降为零后,矿产资源所有权人权益不落实,尚未形成合理的资源价格形成机制和资源税费体系,造成矿产资源国家所有者权益流失。

① 栗鸿源:《国土资源部:继续推进矿产资源有偿使用制度和资源税制度改革》,载《中国矿业报》2015年9月29日,第1版。

同时,矿业权有偿取得及相关制度还不完善,在矿业权行政审批管理、矿业权价款的征收管理、矿业权价款评估管理等诸多环节存在问题。此外,资源税从价计征改革并未全面实施,相关收费基金的清理规范也未很好展开。

4.1.2.2 构建多元化产业体系方面

第一,资源枯竭型城市替代产业扶持制度。

资源枯竭型城市可持续发展的关键在于替代产业的发展。从现有法治情况来看,我国并没有在法律中明确资源枯竭型城市替代产业扶持制度。只是在政策文件中指出,优化发展资源深加工产业、培育壮大优势替代产业、积极发展吸纳就业能力强的产业、大力发展特色服务业、合理引导产业集聚发展①等大的方向。调研中亦发现,一些城市出台了地方性的替代产业扶持政策。如冷水江市在改造提升传统产业、企业改制、招商引资等方面制定了一系列的优惠政策,主要是低地价供地、行政事业性收费减免、税收本级所得前2年全返,后3年返半政策,对转型发展的重要平台"经济开发区"财政投入,即土地出让金全部投入、税收本级所得全部投入、设立招商引资专项资金、基础设施建设资金投入等。但这些政策制度化程度较低,以政府主导而不是市场引导为主,"低地价供地"的合法性仍有质疑。对于资源枯竭型城市可持续发展而言,持续、稳定的制度激励措施,包括专项科研和建设项目资金制度,激励性的进出口贸易政策,完善的人才激励机制;税收优惠政策;财政补贴政策等仍不健全。②

第二,企业投资促进法律制度。

---

① 《国务院关于印发全国资源型城市可持续发展规划(2013~2020年)的通知》(国发〔2013〕45号)。

② 杜辉:《资源型城市可持续发展保障的策略转换与制度构造》,载《中国人口·资源与环境》2013年第2期。

企业,特别是那些与新兴产业发展密切相关、吸纳就业能力强的企业是资源枯竭型城市可持续发展的重要参与者,是实现投资创业、吸收就业的主力军。如何保障企业投资权益,推动企业积极参与是资源枯竭型城市实现经济转型的重要条件。我国已经制定了如《中小企业促进法》这样的“促进”性质的法律法规,但这些法律制度由于颇具“软法”性质,实际效果并不明显。以《中小企业促进法》为例,该法虽然已经颁行了14年,但其中对中小企业合法权益的保护以及公平发展环境的营造规定仍显不足。现行法律只是对促进方案进行了原则性的规定,没有硬性规定具体的措施。这一做法事实上冲击了法治的强制性。而且,法律规定,政府提供贴息政策、资金支持这类扶持手段,并没有普惠所有中小企业,容易导致“扶起一个、倒下一片”。广大中小企业更需要的是公平的发展环境和公正的权益保护,“给项目给政策,不如给规则”。①

4.1.2.3　切实保障和改善民生方面

第一,促进就业和再就业法律制度。

就资源枯竭型城市可持续发展而言,就业压力现实而紧迫。在资兴市,2000年,城市低保对象为3638人,2012年,城市低保对象增加到24180人,矿区低保对象高达15228人,占总数的70%。而我国相关法律规定并不完善。我国《就业促进法》第57条规定,国家鼓励资源开采型城市和独立工矿区发展与市场需求相适应的产业,引导劳动者转移就业。对因资源枯竭或者经济结构调整等原因造成就业困难人员集中的地区,上级人民政府应当给予必要的扶持和帮助。仔细推敲就会发现,这一规定存在“上级人民政府”指代不明,“必要的扶持和帮助”规定不具体等问题。同时,《就业促进法》在实施过程中并没

① 许春燕等:《中小企业促进法修订思路及建议》,载《中国社会科学报》2015年3月4日,第7版。

有妥善解决自主创业问题、建设人力资源服务体系问题、加强职业技能培训体系建设等问题，所以，亟须通过修订法律予以完善。

第二，棚户区改造制度。

我国棚户区改造工作并没有相应的立法，只有3个直接相关的规范性文件，分别是《国务院关于加快棚户区改造工作的意见》（2013年）、《国务院办公厅关于进一步加强棚户区改造工作的通知》（2014年）、《国务院关于进一步做好城镇棚户区和城乡危房改造及配套基础设施建设有关工作的意见》（2015年）。在棚户区改造实践过程中，出现了较大的资金缺口。通过调研发现，资兴市，中央下放煤矿棚户区改造涉及1.31万户4.23万人，概算总投资15亿多元，中央投资仅3亿多元，地方配套资金任务艰巨。同时，棚户区改造所要求的税收、土地供给和金融等方面的配套支持政策，排水、供暖、供气、供电、道路、垃圾收运处理等基础设施建设都很难一步到位，而采煤沉陷区民房搬迁工作在没有资金支持的情况下更是很难展开。

第三，社会保险制度。

虽然，我国已经制定了《社会保险法》（2010年）、《失业保险条例》（1999年）、《工伤保险条例》（2003年）等法律法规，但实践中仍然问题重重。社会保险覆盖面较窄，未能实现应保尽保；关停并转集体、小矿山企业的退休人员参保问题、“老工伤”人员参保等历史遗留问题还未彻底解决；基层医疗卫生服务体系仍不完善。在调研中发现，资兴市部分破产改制企业职工因政策因素未能纳入医保城镇医保或灵活就业人员医保。此部分原具有职工身份的人未能享受到城镇职工医保，对重新纳入城镇医保的期望值特别高，目前没有出台新的相应的文件依据，该群体职工总是想通过上访来寻找解决机会，建议省级有关部门能对上述人员的诉求予以高度重视寻求合理的解决办法，从而更好地保障他们的医疗需求维护社会稳定。[①]

4.1.2.4 加强环境治理和生态保护方面

第一,矿山地质环境恢复治理制度。

我国加强矿山地质环境恢复治理的法律法规主要有《矿产资源法》《水土保持法》《地质灾害防治条例》《土地复垦条例》等。在实施过程中,矿山地质环境恢复治理制度仍存在诸多问题:污染者负担原则未被履行,政府治理资金缺口较大、尾款库闭库后期管理工作任务沉重、废弃土地复垦和生态恢复工作刚刚起步、矿山地质环境恢复治理备用金制度不完善等。通过调研发现,部分企业存在不愿意缴纳矿山地质环境治理备用金的现象。如资兴市国土局指出,虽然经过大力宣传,矿山企业环境保护意识有所增强,但由于受效益的影响,矿山地质环境治理备用金普遍存在没有足额缴纳现象,特别是老的矿山企业。[②]

第二,节能减排制度。

我国推进矿业企业节能减排的法律法规主要有《环境保护法》《科学技术进步法》《促进科技成果转换法》《中小企业促进法》《清洁生产促进法》《循环经济促进法》《可再生能源法》等。在实施过程中,节能减排制度并没有被很好得贯彻。一批传统行业落后产能和落后的工艺技术装备仍在使用,工业用水效率较低,低碳技术、低碳产品使用率较低。在调研中,一些地方就指出"清洁生产流于形式",并无多大减排效果。

4.1.2.5 财政转移支付与征收资源税费方面

第一,财政转移支付法律制度。

我国并没有专门的《财政转移支付法》。现有的财政转移行为主

---

① 2015年8月26日,在资源枯竭型城市可持续发展立法研究调研会上资兴市人社局提供的数据。

② 同上。

要依据《预算法》《中央对地方资源枯竭城市转移支付管理办法》等展开，其主要方式为纵向的转移支付，而欠缺横向的转移支付。依据《中央对地方资源枯竭城市转移支付管理办法》，中央对地方资源枯竭城市转移支付有明确的补助期限：第一轮开展补助期限是4年，4年后，再具体评估确定是否延期。通过调研发现，各个城市都表达了"希望延长资源枯竭城市转移支付资金支持期限"的要求，因为"资源枯竭城市转型发展需要一个长期的过程，范围广、任务重、难度大，按上级政策我市资源枯竭城市转移支付支持到2016年，以后怎么办，我市正努力寻找对策寻求替代方案，急需上级财政不断加大对资源枯竭型城市转移支付的力度。"①同时，在资金使用过程中还出现了申报时间仓促、资金使用方案不得改变、资金使用范围严格限定、没有考虑替代产业发展和促进资金的援助等问题，这些都将影响到资金使用的效率。

第二，资源税费制度。

就资源枯竭型城市而言，完善的资源税费制度不仅有利于调整矿产企业开发利用行为，也有利于收集资金用于枯竭型城市环境治理、社会保障。我国资源税费制度的主要法律依据是《资源税暂行条例》。有学者曾经指出，我国现行资源收费制度的主要缺陷在于，一是资源收费种类多、过于复杂；二是收取资源补偿费的范围狭小；三是收费标准低；四是征收不均的现象严重；五是生态性收费和资源补偿性收费或管理费的界限不清；六是费与税界线不清。② 除了这些之外，就资源枯竭型城市而言，资源税费制度还应该体现对资源枯竭型城市的反哺和利益共享，畸高的中央和地方收入分配比例，不完善的

---

① 2015年8月20日，在资源枯竭型城市可持续发展立法研究调研会上冷水江市地税局提供的数据。

② 李慧玲：《环境税费法律制度研究》，中国法制出版社2007年版，第206～210页。

计征方式,将不利于改善资源产地居民生产生活条件,也不利于促进资源开发收益向资源枯竭型城市倾斜。

第三,资源枯竭型企业可持续发展准备金制度。

2005年,十六届五中全会关于"十一五"规划建议首次提出,加快建立生态补偿机制。"十二五"规划纲要则明确要求建立生态补偿机制,设立国家生态补偿专项资金,推行资源型企业可持续发展准备金制度。然而,时至今日,除了山西试点以外,资源型企业可持续发展准备金制度仍未有效建立。从山西试点的情况来看,政府并没有权限使用资源型企业可持续发展准备金,这些资金的使用范围只在于环境治理和企业转型。而实际情况却是,生态环境保护是一个系统性工程,需要整合规划,单一的企业是无法完成目标的。[①] 所以,资源枯竭型企业可持续发展准备金制度亟须总结试点经验,进一步明确、完善。

总之,资源枯竭型城市可持续发展法治是涉及面很广、综合性很强的法律体系,在加强环境治理和生态保护、构建多元化产业体系、有序开发综合利用资源、切实保障和改善民生、财政转移支付与征收资源税费等多个法律制度建构方面都存在诸多问题,亟须以专门立法加上配套立法的形式予以修改完善。

4.1.3 资源枯竭型城市可持续发展在司法保障方面存在的问题

除了上述结构性与具体制度问题以外,从法治运行层面来看,资源枯竭型城市可持续发展在司法保障方面也存在诸多问题。司法保障理念不健全、能力偏弱、诉讼制度不完善等成为资源枯竭型城市可持续发展的重要障碍。

---

① 《资源型城市准备金制度倒计时》,载宏观经济信息网文献库:http://www.macrochina.com.cn/news_speed/qyjj/20091218095131.shtml,最后访问日期:2015年4月13日。

4.1.3.1 司法理念的偏差

在推进依法治国进程中，人们将目光更多的聚焦于环境立法和环境执法之上，却往往忽略了司法在建设生态文明过程中的重要作用，因而，将生态利益置于脑后的“机械司法”常常发生，司法并未发挥出应有功效。现实资源与生态“瓶颈”急迫地要求改变这一状态，使司法承载环境治理任务，承载环境公平、效率与民主价值。应该看到，实践中，绿色司法理念并未真正落实。主要体现在以下两个方面：

第一，可持续发展并未成为司法的基本价值。资源枯竭型城市的独特价值追求，要求环境司法在发挥好调整人与人之间关系、维护社会公平正义作用的同时，高度重视人与自然的和谐发展，把资源枯竭型城市的生态价值作为独立和重要的价值目标。现实却是，可持续发展理念并未对司法领域产生实际的影响。一些地方仍然在司法为经济“保驾护航”的号召下，呈现出强烈的经济取向，而忽略了可持续发展的需要。

第二，预防与恢复性司法理念尚未确立。资源枯竭型城市问题的一个重要方面就是生态破坏，而且这种破坏影响广泛与深远，其修复治理费用远高于事前的风险预防。而现在的司法救济仍然趋向于事后调整，对于那些可能发生的危害行为规制不力，预防性司法措施并未很好实施，单纯的财产罚或者人身罚的使用远多于恢复性手段。

4.1.3.2 司法保障能力建设不足

司法保障能力是服务资源枯竭型城市可持续发展的重要基础。现实情况是，资源枯竭型城市面临着司法保障不力的局面。主要表现在以下 3 个方面：

第一，专职的环境司法队伍建设不足。由于环境案件审判的特殊性，决定了绿色司法的实现依赖于司法队伍与人员的专职化。具备过硬的环境科学知识、较强的环境法学素养，掌握环境审判技能，熟悉环境司法流程。在这一点上,我国还存在明显不足。目前的环境司法队伍数量不够、素质不高,很多情况下不愿受理、审理也不敢判决有关环境污染和生态破坏的案件。①

第二,案件协调配合能力差。环境司法不仅仅是法院一家的工作,而是与侦查、检察、执行工作紧密相连的。由于审判机关、检察机关、公安机关之间未建立信息共享平台和协调平台,所以,相互间沟通配合少,协调程度差。

第三,未实现环境司法专门化。由于资源枯竭型城市相关案件在审判理念与裁判标准、诉讼模式和审理机制、证据规则与事实认定、损害评估与责任承担等诸多方面具有特殊性,决定了其必须建立符合当地纠纷特点的审判组织及运行机制。而我国大部分地区并未合理设立资源枯竭型城市专门审判机构,也未实施适合的具体诉讼规则,加之资源枯竭型城市案件管辖制度和受理模式不完善导致问题频频。

4.1.3.3　相关诉讼制度不完善

充分的司法保障需要相应诉讼制度的完善。在这方面,也存在诸多问题。

第一,行为保全制度不健全。虽然我国立法中已经对行为保全制度作出了规定,但仍不完善。没有设置禁令的规定,也没有详细的规定法官对保全适用的条件。保全行为可能给被申请人带来的损失程度,申请人的受害程度,涉及的利益有哪些,是否有公共利益等规定都未细化。

第二,财产保全制度有缺漏。我国《海事诉讼特别程序法》对环境侵权的财产保全做了专门规定,即"海事请求保全"。不过这种规定还存在一些问题,例如,在担保上,以当事人提供担保作为启动保全

---

① 黄锡生、谢玲:《绿色司法现代司法文明的生态化回应》,载《中国社会科学报》2014年5月26日,第7版。

程序的必要前提;在管辖法院上,未明确管辖法院或请求标的物所在地法院均有管辖权;在程序终结上,未规定将当事人申请撤销作为终结保全程序的法定理由;在救济途径上,为规定在申请复议之后仍有异议的,可以向上一级法院提出上诉等。

第三,先予执行制度存在不足。由于存在担保的规定,因此,申请人出于环境公益的目的提出先予执行申请时,往往被拒绝。

第四,环境公益诉讼制度不完善。公益诉讼的主体范围较窄,也没有建议完善公益诉讼审判的具体程序规则,检察机关提起公益诉讼机制也不完善。

4.1.3.4 环境刑事司法适用问题突出

随着 1997 年《刑法》修订专设"破坏环境资源保护罪",以及相关司法解释的规定,环境犯罪逐渐实现了有法可依。不过,环境刑事责任的追究情况并不理想,很多情况下存在以罚代刑的情况。

第一,污染环境罪规定的不尽完善。涵盖范围较窄,对犯罪对象和污染发生原因的规定不够全面。虽然修订后的《刑法》已经对犯罪构成作出了调整,将"其他危险废物"延伸至"其他有害物质",但总体而言,仍然较为抽象,存在诸多局限。

第二,非法处置进口固体废物罪和擅自进口固体废物罪的规定也存在一些问题。例如,犯罪对象较窄,并未延伸至各种废物形态,只规定了"倾倒、堆放、处置",而对非法收购、出售等行为未明文规定。

第三,非法占用农用地罪犯罪对象狭隘。只限于农用地,对其他土地的占用行为未作规定。

第四,环境犯罪财产刑规定不足。在我国,有关环境污染与破坏的犯罪在刑罚上只规定了罚金,这是一种较轻的刑罚措施。其惩罚力度是不够的。罚金刑的适用范围、适用方式、适用限额的规定也存在诸多不足。

第五,环境污染与破坏犯罪规制手段不完善。例如,《刑法》并未将一些资格罚手段纳入。还有一些非刑罚处理方法,如训诫、责令具结悔过和责令赔礼道歉等也未在相应责任中体现。

第六,环境犯罪的刑罚适用原则应作调整。主要包括危险犯的增设,进一步明确严格责任等。

4.2　资源枯竭型城市可持续发展法治存在问题的原因

资源枯竭型城市可持续发展法治存在的结构与制度问题,其产生的原因既有客观因素,也有主观问题。一方面,人们对资源枯竭型城市的产生、形成、发展、转型认识不够,经验不足,导致没有提前预警和缩小危害;另一方面,资源枯竭型城市可持续发展法治具有鲜明的综合特征,关涉环境治理、经济转型和社会保障等诸多丰富内容,试图通过一部法律的一次尝试进行规范、协调,取得较好的成效存在一定难度。而且制度背后往往牵涉复杂的利益冲突问题,只有较好地协调了各级政府、企业、公众占有、协调、分享的利益关系,才能形成稳定的权利和义务关系,发挥制度保障实效。

4.2.1　资源枯竭型城市可持续发展先行经验不足

从理论上讲,资源枯竭型城市对应着资源型城市发展周期中的一个重要阶段。根据生命周期理论,城市如同有生命个体一样具有完整的发展周期——出生、发育、衰落,而资源枯竭型城市的发展,既要体现普通城市发展生命周期规律,也要遵循资源型城市特定的内在规律,呈现出起步或形成期→成长期→成熟期→转型期或衰退期四个阶段。每一个阶段又对应不同的阶段性特征。

在现实的城市发展中,人们对于资源枯竭型城市发展规律并不是认识的那么清晰。一般而言,在资源勘探、开采的密集时期,城市经济社会发展快速,资源、人口集聚,在强烈的经济效应刺激下,很容易因为短期利益而忽略或者漠视长期的“矿竭城衰”风险,从而不管不顾资源开发限度和生态环境承载能力,只考虑如何从矿产资源中获取利益。这一情况的恶果会在资源衰退时期集中体现,一方面,资源开采的难度越来越大,资源储量越来越少,资源效应大幅减弱;另一方面,资源枯竭型城市引发的社会问题也越发严重,这些问题又与复杂的社会政治、经济、文化、种族环境叠加,以致出现了“矿竭城衰”的困难局面,有些资源枯竭型地区,甚至因为转型发展难度大而被迫放弃产业转型。①

我国资源枯竭型城市的转型发展也大体如是。以辽宁阜新为例,在一、二五期间,由于国家的整体需要,阜新在建设矿业基地时,只考虑了资源的开采利用,而未考虑资源的综合开发和枯竭问题。而正是因为具有了资源优势,所以,在相当长的一段时间里,阜新发展都依赖于资源型产业。阜新人都沉醉于“煤都”的美誉之中,以为可以一直持续下去。1985 年,时任阜新市委书记的马波在给辽宁省省委的报告中首次指出,煤炭有一个建设、发展、衰退过程。按照这个规律,阜新在 20 年后将无煤可挖。1991 年,时任阜新市市长的王亚忱在全国人大会议时提出议案,认为全国有很多座资源型城市面临资源枯竭问题。这一议案获得中央领导的重视。1992 年,阜新成为国家产业结构调整试点城市。②

---

① 如美国西弗吉尼亚煤矿带的 Rhodell 镇,20 世纪 30 年代发现煤矿进行全面开发,20 世纪 40 年代末 Rhodell 镇处于鼎盛时期,各类商店与娱乐服务设施齐全。20 世纪 50 年代开始,由于煤炭资源逐渐枯竭、开采难度加大,煤炭公司纷纷撤离,为之服务的人员与商业随着撤离,城镇被放弃,最终成为无人居住的鬼城(ghosttown)。参见钱勇:《国外资源型城市产业转型的实践、理论与启示》,载《财经问题研究》2005 第 12 期。

② 《辽宁阜新煤炭资源枯竭 80 万煤城人出路何在》,载搜狐新闻网文献库:http://news.sohu.com/01/81/news206508101.shtml.,最后访问日期:2015 年 4 月 10 日。

辽宁阜新的例子说明，资源枯竭型城市的产生确实有历史原因，人们对资源枯竭型城市的产生、形成、发展、转型规律，一开始认识不够，经验不足，因此，没有提前预警、缩小危害、采取措施，而真正等到资源枯竭时再匆忙调整政策、加强立法，推动可持续发展事实上并不是最佳的预防举措，而只是“亡羊补牢”而已。这时所需要付出的努力将是非常艰辛的。

4.2.2 资源枯竭型城市可持续发展法治具有综合性

资源枯竭型城市可持续发展法治具有鲜明的综合特征。在内容上，它以环境治理、经济转型和社会保障为主要内容，内容丰富而复杂。在实施手段上，除传统的民事、行政和刑事的以外，还包括奖励和保障措施，如间接诱导的手段，包括财政、税收、金融、价格、外贸、政府采购等；直接管制的手段，包括了鼓励、允许、限制、禁止等方面，有时还配有配额制、许可制、对工资与价格的直接管制等；行政、信息指导的手段，以经济展望、劝告及提供其他信息为表现式样。此外，资源枯竭型城市可持续发展法治的综合性还表现为包含实体和程序两方面的规范，只有两者结合才能构成完整的法治体系。① 因此，资源枯竭型城市可持续发展法治涉及面很广、综合性很强。

全国人大环资委在回复罗涛、崔光磊等代表议案时也曾指出，“推动资源枯竭城市转型是资源型城市可持续发展工作的重要内容。由于涉及资源开发利益分配与补偿、产业发展、环境保护、民生改善以及其他配套法律法规的修改调整，立法难度较大，时间周期长，需要进一步深入研究。建议国家发改委等有关部门加快资源型城市可持续发展条例制定工作，认真研究采纳代表议案所提建议，为资源枯竭型

---

① 王先林：《产业政策法初论》，载《中国法学》2003 年第 3 期。

城市转型提供制度保障。"①事实上资源枯竭型城市可持续发展法治具有鲜明的综合特征,关涉环境治理、经济转型和社会保障等诸多丰富内容,试图通过一部法律的一次尝试进行规范、协调,取得较好的成效的确存在一定难度。

4.2.3 资源枯竭型城市可持续发展法治背后关涉复杂利益博弈

资源枯竭型城市面临的问题不仅仅是经济发展停滞,更是夹杂着社会政治、经济、文化因素的社会矛盾的显现。对于资源枯竭型城市而言,新旧矛盾开始交织显现,可持续发展压力加大。"部分地区开发强度过大,资源综合利用水平低。生态环境破坏严重,新的地质灾害隐患不断出现。高耗能、高污染、高排放项目低水平重复建设,接续替代产业发展滞后。资源开发、征地拆迁等引发的利益分配矛盾较多,维稳压力大。资源开发与经济社会发展、生态环境保护之间不平衡、不协调的矛盾突出。"②因此,资源枯竭型城市可持续发展法治背后事实上牵涉着复杂的利益冲突问题,只有较好地协调各级政府、企业、公众,占有、协调、分享的利益关系,才能形成稳定的权利和义务关系,进而发挥制度保障实效。

以资源枯竭型企业可持续发展准备金制度为例。早在2007年,国家政策文件③中就已经提出研究建立资源枯竭型城市可持续发展准备金制度的建议,其用途在于环境治理与生态修复,发展新兴接续产业,化解历史遗留问题等。2013年,《国务院资源城市可持续发展规划(2013~2020年)》又再次强调研究建立可持续发展准备金制度,

---

① 《全国人民代表大会环境与资源保护委员会关于第十二届全国人民代表大会第三次会议主席团交付审议的代表提出的议案审议结果的报告》(2015.10.30)。

② 国务院办公厅:《国务院关于印发全国资源型城市可持续发展规划(2013~2020年)的通知》,载中国政府网文献库:http://www.gov.cn/zwgk/2013-12/03/content_2540070.html.,最后访问日期:2015年4月18日。

③ 《国务院关于促进资源型城市可持续发展的若干意见》(国发〔2007〕)。

实现开发补偿和利益共享。然而,时至今日,除了山西试点以外,资源枯竭型企业可持续发展准备金制度仍未有效建立。即使在山西,也由于资金使用用途限制,使原本可以发挥更大用途的治理资金没有很好地发挥功效。所以,各地可持续发展准备金制度在出台时必然面对着来自企业的重重阻力。而且由于我国目前绝大部分行业和部门都吃"资源饭",那些开发挖掘资源的地区反而容易沦为受资源制约影响更大的地区。特别是计划经济产生的历史积淀,导致长期以来都是资源开发地输出廉价资源,而资源使用地因发展后续产业链长,增值效应突出,由此一来造成资源"'开'在本地,却'发'在异地"的现象。[①]显然,由这一事例说明,资源枯竭型城市可持续发展法治背后事实上牵涉着复杂的利益冲突问题,只有协调和规范各利益相关主体之间的关系,才能真正发挥制度保障实效,可持续发展。

---

① 李永强:《可持续发展准备金要坚持专款专用——专访云南大学环境科学与生态修复研究所所长段昌群》,载人民网文献库:http://paper. people. com. cn/zgnyb/html/2010-08/30/content_609644. htm? div=-1.,最后访问日期:2015年4月15日。

5. 资源枯竭型城市可持续发展法治的域外镜鉴

资源枯竭型城市引发的种种产业、生态、社会问题已然成为影响各国经济社会发展的严重社会问题。唯有通过有力措施化解这些严重的问题，才能有效缓解可能的社会冲突，避免由此引发的一系列政治、经济动荡。为此，一些国家开始结合本国国情采取措施展开对资源枯竭型城市的治理。在这些措施中，依靠法治手段对资源枯竭型城市实施救助和治理，推行可持续发展振兴战略，成为很多国家的选择。如德国《鲁尔区域整治规划》《煤矿调整方案》《矿山还原法》；日本《北九州市公害防止条例》；美国《矿物租借法》《联邦煤矿租赁法修正案》等。由此，形成了资源枯竭型城市可持续发展的法治体系，并在法治运行中归纳总结了一系列经验教训，这些对于我国资源枯竭型城市可持续发展法治具有重要的镜鉴价值与启示作用。

5.1 资源枯竭型城市可持续发展法治的域外实践

归纳梳理资源枯竭型城市可持续发展法治的域外经验,可以清晰地发现,不同国家在应对资源枯竭型城市转型、发展问题时所运用的治理模式是不同的,它们与自身所处的实际情况、社会结构与制度背景相结合,形成了各具特色的制度规范体系。在此,以德国、日本、美国等国家为例,梳理域外资源枯竭型城市可持续发展法治的基本特征。

5.1.1 德国

"二战"后,德国政府对鲁尔工业区的转型改造大体上经历了3个阶段。

第一阶段,"维持性结构政策"阶段(1958~1975年)。这一阶段的特点是,政府给予煤炭产业补贴以维持其竞争力。在1945年后的经济重建时期,政府为了保证工业部门获得廉价的煤炭资源,出台政策规定煤炭的最高限价,同时,给予采矿补贴以弥补行业损失。1958年左右,煤炭价格放开,但开始遭遇低价的进口煤炭竞争和其他如石油、天然气这样的能源产品竞争,政府为了提升产业竞争力,一方面,提升煤炭产业经营水平;另一方面,通过关税措施,限制煤炭和石油进口,并发展火力发电厂以维持对本国煤炭的需求。

第二阶段,"适应性结构政策"阶段(1975~1987年)。这一阶段的特点在于,给予陷入困境的钢铁产业补贴。1975年以后,鲁尔地区的钢铁行业开始出现生产过剩,于是钢铁业开始要求政府予以补贴。德国政府出于社会稳定和减少对相关区域消极影响的考虑出发,对相关行业发放了津贴,主要用于相关企业的整合、技术研发和员工安置。

第三阶段,“积极、分散式产业结构政策”阶段(1987 年至今)。这一阶段的特点在于,政府不断缩减传统产业补贴,并开始积极形塑新的产业结构和地区结构。20 世纪 80 年代以来,鲁尔地区的相关企业逐渐加快了调整的速度,在提升生产率和技术水平之时,实现了主营产品的多元化。同时,政府积极推动环保技术、第三产业发展,使之成为区域新的增长点①。

经过这么多年的转型发展,如今的鲁尔区已经重新焕发了活力②。在这一过程中,德国法治的作用是非常大的。这些法律包括《联邦基本法》《联邦空间布局法》《联邦财政平衡法》《联邦区域规划法》《改善地区经济结构共同任务法》《煤炭适应法》《联邦区域整治法》《投资补贴法》等。具体来看,德国资源枯竭型城市可持续发展法治的特征在于以下几个方面。

5.1.1.1　依法形成了多层次的法治体系

德国《基本法》规定,“要在全国各地实现均等化的生活水平”

---

① 郭树言:《推动中国产业结构战略性调整与优化升级探索》,经济管理出版社 2008 年版,第 208 页。

② 经过 50 多年的努力,鲁尔区的经济结构转变取得了很大成绩。老工业如煤炭开采和钢铁工业已经不再占有主要的地位,新兴工业如汽车制造、电子、环境保护、通信信息和服务业正在蓬勃发展。虽然工业在鲁尔区依然占据着重要的位置,但鲁尔区的经济重心正在逐步从第二产业转向第三产业。据鲁尔区市镇联合体统计,1999 年鲁尔区服务业的产值占总产值的 75.2%,其中贸易、交通和旅馆餐饮业占 28.3%;金融、租赁和企业服务业占 39.5%;公共和私人服务业占 32.2%。从就业结构上看,1982 年,还有 54% 的从业人员工作在第一、二产业,只有 46% 工作在第三产业。2004 年,在第二产业工作的从业人员下降到 32%(1995 年为 37%),在第一产业工作的人不到从业人口的 1%,而在第三产业工作的雇员则上升到 67%(1995 年为 61%)。在结构转型中,调整最明显的是煤、钢业:鲁尔区的煤矿已由 1957 年的 140 个缩减到 2002 年的 7 个,从业人数由 47 万减少到 2.7 万(2004 年);钢铁厂的炼钢炉由 1955 年的 81 座缩减到的 7 座,从业人数由 30 万减少到 5 万。

"区域政策作为州和联邦三项共同任务之一"。在德国《基本法》指引下，德国形成了以联邦政府、州政府、区政府和市政府等多个层次参与的城市治理结构。联邦政府主要负责综合调控、制订基本发展原则以及联邦空间结构发展计划；州政府则负责制定州政府的原则和目标，譬如定义再开发中心区、发展轴向、土地类别，决策联邦州再开发项目等；鲁尔区政府负责制订区域及次区域再开发计划；市政府负责确定城市发展规划、城市土地使用规划和原则。1969 年，经德国《基本法》授权的德国《改善地区经济结构共同任务法》（以下简称《共同任务法》）规定，政策的具体执行由州政府进行，联邦政府的作用主要在于经济上给予适当援助，从而明确了联邦政府的补助责任和地方政府促进经济转型职能。

5.1.1.2　依法设立了专门机构对鲁尔区进行管理

德国政府为了加强鲁尔区的一体化管理，通过立法的形式组建了鲁尔煤管区开发协会。作为地区的最高规划管理机构，协会有 80 多个成员组成，并由 7 个成员组成委员会进行管理。协会大部分成员来自政府，约 40% 来自企业。在行政上，它受州政府管理；财政上则通过地方拨款和协会筹款，主要负责该区域经济发展规划的制订和实施。[①]

5.1.1.3　依法设定地区总体发展规划

鲁尔区的一个重要做法是依法设定地区总体发展规划。1966 年，该区总体发展规划编制完成，经过 1969 年修订后，以法律的形式向公众颁布。它的意义在于，这是全德国第一例以法律形式生效的区域规划。该规划的目的是促进新兴产业发展，调整原有矿区企业结构，加强基础设施建设。它的基本原则是在原有的煤炭、钢铁产

---

① 王青云：《资源型城市经济转型研究》，中国经济出版社 2003 年版，第 299 页。

业基础上,发展新兴替代产业,不断调整工业结构,整治环境。这一规划对重组该区域经济起到了巨大的作用,使之重新焕发活力。①

5.1.1.4 依法实施财政援助

德国《基本法》规定,“要在全国各地实现均等化的生活水平”,因此,对像鲁尔区这样陷入资源枯竭、经济停滞的地区自然成为了财政援助的重点。② 1969 年《共同任务法》规定,联邦政府有“在经济上给予资助”的义务,并指出,联邦须承担区域政策财政援助的50%,同时联邦有义务协助州政府制订区域政策的框架计划,而州政府则负责《共同任务法》框架内区域政策的实施。《共同任务法》规定的政策工具包括投资补贴、长期贷款、利息补贴和担保。鲁尔区从《共同任务法》实施以来一直是受资助的地区。2002~2004 年,北威州获得共同任务促进资金 7.8452 亿欧元,其中大多数投入到鲁尔区。另外,作为目标 2 类地区(受到产业调整严重影响的欧盟地区),鲁尔区还得到欧盟结构基金的财政支持。③

5.1.2 日本

在 20 世纪 20 年代前后,依托资源优势,日本北九州地区就已经发展成为以钢铁、煤炭、化工、造船为中心的重化工基地。“二战”以后,为了恢复经济,日本实施了“倾斜性生产方式”,集中发

---

① 王青云:《德国鲁尔区是怎样推进经济转型的》,载《中国城市经济》2007 年第 6 期。

② 德国区域政策的目标地区即受援地区是采用劳动市场区的办法来确定的。确定的程序分两步:第一步是将全国划分为若干劳动市场区,如目前整个德国分为 271 个劳动市场区,其中原西德 204 个,原东德 67 个。第二步是根据一组指标确定若干劳动市场区为受援地区。确定受援地区时,对东西德地区所选的指标是有差异的。对原西德地区而言,所选的指标包括:一是就业人员的平均年薪;二是前 4 年内平均失业率;三是地区居民人均国内生产总值和基础设施情况指数;四是就业市场在未来 5~10 年的供求情况。

③ 王青云:《资源型城市经济转型研究》,中国经济出版社 2003 年版,第 299 页。

展煤炭、电力和钢铁等基础产业，使北九州地区得以迅速发展。之后，日本产业政策的重心开始转变：由“经济恢复”转向“经济振兴”，并确立了贸易立国的发展战略。这一时期在20世纪50年代以后，北九州地区钢铁产业的政策扶持力度开始减弱，煤炭产业也开始遭遇低价的进口煤炭竞争和其他如石油、天然气这样的能源产品竞争，北九州地区的经济社会发展开始陷入困境。[①] 日本政府逐渐意识到煤炭工业的急剧衰退是不可避免的。为了控制煤炭工业的衰退速度及削减其负面社会影响，日本政府一方面通过限制进口、发放生产补贴和需求配给等措施给予煤炭、钢铁工业补贴；另一方面则通过积极区域和产业调整措施促使九州地区转变发展战略，实施产业转型。[②]

在九州地区转型发展过程中，相关政策和法治起到了积极的推动作用。这些法律包括：中央政府的法律法规，如《人口过疏地区活化情别措施法》《不发达地区开发工业促进法》《新产业都市建设促进法》《国土综合开发法》《特定产业临时措施法》《产煤地区振兴事业团的部分修正法》《国土利用计划法》《特定萧条地区离职者临时措施法》《特定萧条地区中小企业对策临时措施法》《特定萧条产业和地区劳动者就业安定特别措施法》等；地方政府的法规，如《开发

① 日本产煤地域的人口，由于持续不断的煤矿关闭和煤矿工人的大量迁出，从20世纪50年代后期开始一直处于不断下降的大趋势中。6条产煤地域的人口从1960年的270多万人减少到1975的约186万人及1994年的176万人。其中，人口急剧下降在大量煤矿集中关闭时期更为显著，如1967年至1973年因崎户煤矿、歌志内煤矿、雄别煤矿、奔别煤矿、伊王岛煤矿的关闭，导致所在的崎户町、歌志内市、阿寒町、三笠市、伊王岛町的人口减少了60%到80%。而近年的高岛煤矿关闭使高岛町的人口下降到闭矿时的20%。参见柴彦威：《日本产煤地域的振兴对策》，载《国土开发与整治》1996年第4期。

② 江彩霞等：《探索与创新：转变经济发展方式的实现路径》，中国经济出版社2013年版，第174页。

九州地方促进法》《北海道开发法》《北海道东北开发库法》《孤岛振兴法》《开发四国地方促进法》《开发北陆地方促进法》《大雪地带对策特别措施法》《冲绳建设城市再开发法》《冲绳振兴开发金融公库法》《振兴半岛法》等。具体来看，日本资源枯竭型城市可持续发展法治的特征在于：

5.1.2.1 依法促进区域协调发展

“二战”后，为了将有限资源利用最大化，日本政府开始推行赶超型非均衡性经济发展战略，将发展重点放在太平洋沿岸地区，逐步形成了从北关东、东京湾、名古屋、四日市直至大阪、神户、濑户内沿岸、北九州、福冈的临海工业区。然而，临海工业区的形成虽然为日本经济的快速提升发挥了巨大作用，但是却造成了地区发展的严重不平衡，日本海沿岸、南九州、四国、东北北部和北海道经济发展缓慢，而且这些地区的人口大量流入临海工业区。临海工业区的“过密”和日本海沿岸等地的“过疏”形成了鲜明的对比。“过密”和“过疏”两极化的发展状况暗伏着许多社会问题和危机。正是在此背景下，日本政府开始实施以国土综合平衡发展为目标的地区振兴政策，实现全国各地区均衡发展。日本地区振兴政策的一大特色便是由法治导航、护航，1950 年，日本颁布《国土综合开发法》并先后 5 次在法治保障下进行全国综合性区域开发，一系列全国综合开发计划都须依据《国土综合开发法》的规定才能得到批准，一旦批准，综合开发计划就具有法律效力，必须得到严格执行。①

---

① 丁同民等：《法治区域构建论——中原经济区法治建设研究》，黑龙江人民出版社 2011 年版，第 121 页。

5.1.2.2　制定特定区域振兴法

1961 年,《振兴产煤区临时措施法》[①]被公布实施,其宗旨在于对相关地区发展新兴接续产业予以政策支持。该法将地区分为 140 多个小的区块,根据具体情况予以重点扶持。该法规定,各个地区制定相应的振兴计划,国家提供基础设施建设和职业培训。

5.1.2.3　实施特定产业援助法

除了制定特定区域振兴法,《特定萧条产业安定临时措施法》于 1978 年被制定。[②] 该法的主要目的在于对传统衰退产业实施干预。其内容主要是认定衰退产业,建立信用基金,为处理落后设备提供资金。[③]

5.1.2.4　将政策与法律相结合推动区域转型

日本资源枯竭型地区转型发展的另一个特征在于将政策与法治相结合推动区域转型。如 1962 ~ 1991 年,为了解决北九州资源枯竭型城市转型发展问题,日本政府先后 9 次修订了煤炭政策。这些政策对于确保煤炭的稳定供给,维持产煤地域的经济繁荣,调整国内

---

① 该法有 15 条,包括目的(第 1 条)、产煤地域范围(第 2 条)、基本规划制订(第 3 条)、实施规划制订(第 4 条)、调查实施(第 5 条)、地方税课税减免和减收补充(第 6 条)、促进设施整顿努力(第 7、8 条)、对地方公共团体的财政特别措施(第 9 ~ 13 条)、技术性建议和资金确保(第 14 条)、开发机构的矿业设施转让优先(第 15 条)。参见柴彦威:《日本产煤地域的振兴对策》,载《国土开发与整治》1996 年第 4 期。

② 为了顺利完成结构转换和对衰退产业的调整,1978 年 5 月,日本政府制定了《特定萧条产业安定临时措施法》(以下简称特安法)。1983 年,日本产业结构向资源节约化和高加工度化的转换基本实现,大规模的产业替代已经完成,新的一轮产业结构转换目标是高技术密集化,因而产业调整任务由一般的规模缩减为主转变为以产品和技术改造为主。随着形势、任务的变化,1983 年 4 月,特安法被废止,代之以《特定产业结构临时措施法》。参见陈淮:《日本产业政策研究》,中国人民大学出版社 1991 年版。

③ 陶哲:《日本经济日本企业是如何运作的》,人民日报出版社 1996 年版,第 112 页。

煤炭工业的结构起到了重要作用。①

5.1.3 美国

美国资源枯竭型城市可持续发展方面的政策和法治措施与德国、日本相比有很大差异，总体上呈现出“市场化的城市转型模式”。② 政府在城市转型发展过程中的作用有限，而市场自发的资源配置和投资流向决定了一个城市转型的成败。从法治的内容来看，更多的是关注开发秩序约束机制、产品价格形成机制、资源开发补偿机制等内容。

以煤炭产业相关立法为例。美国相关的立法也已经比较完备。现行的与煤炭有关的法律法规主要有《矿业法》(1872 年)、《含煤土地法》(1873 年)、《矿产租赁与许可法》(1920 年)、《煤炭协会法》(1922 年)、《公有土地采矿法》(1920 年)、《煤矿安全法》(1954 年)、《煤肺病补助金法》(1969 年)、《矿产开发政策法》(1970 年)、《大气净化法修正案》(1990 年)、《能源政策法》(1992 年)等。美国煤炭工业是在世界上最严格的安全、健康和环境保护法律的监督之下进行的。③

5.1.3.1 联邦土地征用管理规定

在美国，联邦政府拥有大约 1/3 的土地。1920 年，美国政府依据《矿物租借法》决定将这些土地出租。通过一系列的法规对煤炭及其他能源资源进行管理，其中比较重要的法规有：《联邦煤矿租赁修正法》《国家环境政策法》《露天采矿控制与复田法》《联邦土地政策和管理法》等。这些法律的实施，使煤炭开采者在开采前必须依

---

① 通产省资源能源厅石炭部：『コール・ノート』，资源产业新闻社 1995 年版，第 62 页。

② 王树义、郭少青：《资源枯竭型城市可持续发展对策研究》，载《中国软科学》2012 年第 1 期。

③ 马德庆：《美国煤炭工业政策》，煤炭工业出版社 1997 年版，第 45 页。

法申请各种许可证，煤炭资源得以统一管理、统一规划，有效地避免了土地的破坏、资源的浪费。①

5.1.3.2　征收煤炭资源税

美国煤炭开采征收两种类型的资源税，一是具备级差性质的资源税，二是资源补偿费。美国政府依据矿产地块的资源贫富程度、可能的开采收益、销售情况、具体开采方式等差别化征税，有助于提高矿业企业的积极性，提升采出率，并为国家筹集一部分治理经费用于煤炭业发展。②

5.1.3.3　露天采矿和控制复田法

20 世纪 70 年代以来，随着美国经济的高速发展，能源危机的缓解，煤炭开采所造成的环境问题，尤其是土地破坏、水质污染等问题越来越引起人们的关注，要求保护环境、控制煤炭开采的呼声也越来越强烈，从而导致美国《露天采矿控制与复田法》（1977 年）的颁布实施。此法律包括露天开采管理、废弃露天矿的复田、禁止露天开采的地区、开展露天开采科研等。《露天采矿控制与复田法》规定：采矿要进行行政许可，开采完毕以后要恢复地域原来的面貌。废矿复田以后的生态和环境恢复效果必须通过主管部门验收。计划开采或正在开采的露天矿必须预先考虑妥善的复田措施；禁止露天开采的地区严禁开采。③

5.1.3.4　小煤矿扶持政策

美国另外一个做法是对小煤矿进行扶持。美国小矿多的原因，主要是其煤炭资源分布广，煤层较浅，到处有露头，开采较容易，资金筹集的渠道多，政府给以财政贷款资助，加之汽车运输发达，经营

---

① 马德庆：《美国煤炭工业政策》，煤炭工业出版社 1997 年版，第 46 页。

② 同上书，第 45 页。

③ 同上。

小矿有利可图。20 世纪 50 年代,是兴建小矿最多的年代,小煤矿数多达万个,美国煤炭产量剧增。20 世纪 70 年代后期,由于《联邦矿山安全与保健法》的实施,2000 余座小矿倒闭。20 世纪 80 年代后期,特别是 20 世纪 90 年代,随着美国煤炭开发战略向西部、大型化方面发展,再加上大公司、托拉斯以及跨行业公司的吞并,美国煤炭开采越来越集中化,煤矿数目越来越少。无论大小煤矿,美国均有严格的法规和管理程序。对于小煤矿,除通过颁布各种细致而严格的法律、条例加以管理外,还通过地产公司这一私人企业形式,对小煤矿经营加以制约,尤其是保证资源合理回收。地产公司是向外出租土地的公司,它拥有土地及矿藏。小煤矿开矿时,须预先向这类公司租用土地。地产公司则从煤矿的收益中提取利润。采的煤越多,利润才能越大,这迫使地产公司千方百计掌握所有可采储量,利用一切手段使小煤矿尽可能多采煤。有些小煤矿采出率高达70% ~ 80% 。①

5.2 资源枯竭型城市可持续发展法治的经验启示

德国、日本、美国等国家的资源枯竭型城市可持续发展法治经验可以给我国相关政策和法律的制定带来许多启示。从上述国家法治的情况来看,资源枯竭型城市可持续发展的过程与制度创新的过程基本上保持着同步,是社会、政府、公众一起努力的结果,既注重基础性制度的构建,又注重配套制度的实施,既重视区域协调法治,也注重产业转型升级制度构建,并且善于调动中央和地方政府双重

① 马德庆:《美国煤炭工业政策》,煤炭工业出版社 1997 年版,第 46 页。

积极性,灵活运用政策加法治工具,通过"预防"加"救助"制度设计推动资源枯竭型城市可持续发展。具体来看,域外国家资源枯竭型城市可持续发展法治的经验启示主要体现在以下4个方面:

5.2.1　资源枯竭型城市可持续发展需要形成多层次的法治体系

资源枯竭型城市的可持续发展不仅是城市自身的问题,也是整个国家和社会的问题。正如德国《基本法》所规定的那样,"要在全国各地实现均等化的生活水平""区域政策作为州和联邦三项共同任务之一"。而要实现这样的目标,离不开中央和地方携手共进形成多层次的法治体系。德国经验告诉我们:以联邦政府、州政府、区政府和市政府等多个层次参与的城市治理结构,不仅可以各尽其责,而且也能够相互配合、相得益彰。联邦政府主要负责全局性、整体性的调控,制定发展战略,并提供一部分的援助资金。地方政府则需要借助中央政府的制度资源,具体负责转型发展的原则、方案、项目,确定城市发展规划、土地使用规划、原则等,从而形成一整套制度体系,为资源枯竭型城市可持续发展助力。日本也非常重视地方政府的作用,1950年日本地方政府颁布《北海道开发法》,揭开了地方性区域开发的序幕。此后陆续出台的一些法律,如1954年的《孤岛振兴法》、1956年的《北海道东北开发库法》、1957年的《东北开发三法》、1959年的《开发九州地方促进法》、1960年的《开发四国地方促进法》和《开发北陆地方促进法》。1962年的《大雪地带对策特别措施法》、1969年的《冲绳建设城市再开发法》、1972年的《冲绳振兴开发金融公库法》,1985年的《振兴半岛法》①等都以地方立法形式在日本成功构筑了多层次的法治体系。

对于我国而言,资源枯竭型城市的法治其实也面临相同的局面。

---

① 丁同民等:《法治区域构建论——中原经济区法治建设研究》,黑龙江人民出版社2011年版,第121页。

一方面,中央政府负有全局性调控、地区性平衡的职责,负有制订规划、战略,设置机构、提供资金援助的义务,因此,国家的立法不可或缺;另一方面,资源枯竭型城市的可持续发展任务的落实关键在地方,包括省一级、市一级、县一级等。地方负有“依照法律规定的权限,管理本行政区域内的经济、教育、科学、文化、卫生、体育事业、城乡建设事业和财政、民政、公安、民族事务、司法行政、监察、计划生育等行政工作,发布决定和命令,任免、培训、考核和奖惩行政工作人员”的责任。推动资源枯竭型城市可持续发展是地方政府应尽的职责之一。因此,在国家制定专门立法时,地方也应积极进行地方性立法,以形成国家和地方的多层次法治体系。

5.2.2 资源枯竭型城市可持续发展需要融合政策与法治工具

就资源枯竭型城市可持续发展而言,早期的政策资源投入是具有一定合理性和政策优势的,特别是对于那些政府主导型发展的国家。如 1962 ~ 1991 年,为了解决北九州资源枯竭型城市转型发展问题,日本政府先后 9 次修订了煤炭政策。这些政策对于确保煤炭的稳定供给,维持产煤地域的经济繁荣,调整国内煤炭工业的结构起到了重要作用。[①] 德国政府也是如此,对于鲁尔区的可持续发展,联邦政府、州政府、区政府和市政府等多个层次制定了各种政策措施。[②] 这些政策措施的实施产生了积极的社会效果,取得了很大的成就。不过,政策有它自身的短板,短期性、变动不定加上一些情况下决策不合理,常常会对资源枯竭型城市治理带来误导效应。因此,从长远来看,政策工具的使用需要结合法治工具,才能做到稳定

① 通产省资源能源厅石炭部:『コール・ノート』,资源产业新闻社 1995 年版,第 62 页。

② 陈涛:《德国鲁尔工业区衰退与转型研究》,吉林大学东北亚研究院 2009 年博士学位论文,第 92 页。

性和变通性、原则性和灵活性的统一，德国、日本、美国的例证都是如此，尤其是日本，日本相关立法非常之多：《人口过疏地区活化情别措施法》《不发达地区开发工业促进法》《新产业都市建设促进法》《国土综合开发法》《特定产业临时措施法》《促进农村地区工业导入法》《促进工业再部署法》《产煤地区振兴事业团的部分修正法》《国土利用计划法》《特定萧条产业和地区劳动者就业安定特别措施法》《特定萧条产业关联地区对策临时措施法》《高技术工业集聚地区开发促进法》等。这些给予我们的启示在于，政策与法治并不是相排斥的，两者结合将会更好地推动资源枯竭型城市可持续发展。

从我国的情况来看，国外的经验启示在于，一方面，应加强政策调控的有效性，使资源枯竭型城市在灵活富有针对性的政策指引下不断产生规范效应，使资源枯竭型城市治理的相关政策更加清晰明确、措施有力，能真正地应对资源枯竭型城市出现的种种问题。同时，也应该加强配套政策，如财政转移支付、税收、土地供给和金融等方面的配套支持，加强排水、供暖、供气、供电、道路、垃圾收运处理等基础设施建设，使政策设计和规划水平得到质的提升。另一方面，应在时机成熟时，适时地展开立法，既回应社会的现实需求，又总结和稳定政策的成果，从而克服政策固有的缺陷，使政策工具的使用结合法治工具的使用形成资源枯竭型城市可持续发展的制度保障体系。

5.2.3　资源枯竭型城市可持续发展需要区域与产业法治相协调

资源枯竭型城市可持续发展法治的一个特征在于，其法治调整的对象不是某一种自然资源要素，也不是局部的环境污染和生态破坏，而是以特定空间区域整体——城市作为目标。因此，它事实上主要涉及两个方面的法律规定，一是区域协调法治，其目的在于，通过各种措施，缩小发达地区与不发达地区的发展水平差异。因为，资源枯竭型城市一般都会陷入经济社会发展停滞、产业结构失衡、基础建设受限、社会民生欠账多、生态修复难度大、资源浪费和枯竭严重等一系列问题,所以资源枯竭型城市很多都是不发达地区。二是产业协调法治。因为,资源枯竭型城市因资源型产业发展受挫而产生,所以产业的重振、转型、发展是资源枯竭型城市可持续发展的关键。日本经验的启示是,国家可以将两者结合融入资源枯竭型城市可持续发展法治中来。如 1950 年,日本颁布《国土综合开发法》,1961 年又颁布《振兴产煤区临时措施法》,使两者有机结合起来。对于我国而言,这一点的启示在于,资源枯竭型城市可持续发展需要区域与产业法治相协调。由于我国现在并没有专门的区域协调法治,产业协调法治化水平也较低,因此,在开展资源枯竭型城市可持续发展法治时,应该注重这两个方面在层级上的协调,在内容上的区隔和联系,既确保区域协调发展目标的实现,又保障产业调整目标的落实。

5.2.4 资源枯竭型城市可持续发展法治需要规范、援助、转型相结合

从内容上观察,资源枯竭型城市可持续发展法治应覆盖准入与开发、拓展与扶持、转型与退出全过程,以"规范"加"援助",同时加上"转型",为主要内容。例如,美国煤炭法律主要是"规范"行为法,就联邦土地征用管理、煤炭资源税、露天采矿和控制复田法、小煤矿扶持等方面内容进行制度设计,突出强调预防污染、开采过程中的污染控制和污染修复。1976 年《联邦土地政策和管理法》和《联邦煤矿租赁修正法》等,使煤炭开采者在开采前必须依法申请各种许可证,煤炭资源得以统一管理、统一规划,有效地避免了土地的破

坏、资源的浪费。[①] 而日本、德国相关立法则注重将“援助”和“转型”的内容纳入进来。例如，德国1969年《共同任务法》规定，联邦政府有“在经济上给予资助”的义务，并规定了投资补贴、长期贷款、利息补贴和担保等政策工具。[②] 同时，也规定了实施技术创新目标的区域经济政策，通过政策优惠吸引新兴企业落户。[③]

这一点的启示在于，我国资源枯竭型城市法治从内容上看应该涵盖准入与开发、拓展与扶持、转型与退出全过程。因为每一环节都对资源枯竭型城市的可持续发展具有重要作用。所以，既要加强资源开发利用的规划和管理水平，提升开发的准入门槛，促进资源产业规模化、集约化经营，提升综合利用资源和节约资源的水平，推进绿色矿业、清洁生产和低碳发展，又要在人力、资金、政策、优惠上给予必要的扶持，并围绕经济转型、民生转型、社会转型、生态转型4个方面展开工作，实现产业的续接、环境的整治和社会的稳定。

---

① 马德庆：《美国煤炭工业政策》，煤炭工业出版社1997年版，第46页。

② 王青云：《资源型城市经济转型研究》，中国经济出版社2003年版，第299页。

③ 王树义、郭少青：《资源枯竭型城市可持续发展对策研究》，载《中国软科学》2012年第1期。

6. 我国资源枯竭型城市可持续发展立法的完善

探析我国资源枯竭型城市可持续发展的规范基础与制度背景、实践困境与制度缺陷,是为了展开符合理性与切合实际的制度建构。就我国现实情况而言,亟须解决的关键问题是资源枯竭型城市可持续发展如何实现法治化？采取何种立法模式？立法的定位如何？如何展开设计与型构等。诸如此类的问题是我国资源枯竭型城市可持续发展法律创制过程中亟须正视与解决的课题。

6.1 我国资源枯竭型城市可持续发展立法的基本思路

立法模式是一个内涵丰富、极具伸缩性的概念。[①] 资源枯竭型城市可持续发展立法模式的具体内涵,主要包括下列3个方面的问题:第一,资源枯竭型城市可持续发展立法是分散立法还是专门立法;第二,资源枯竭型城市可持续发展立法的形式是法律还是行政法规或者其他;第三,在立法体系衔接上,国家与地方立法如何协调,专门立法如何与配套立法衔接。

6.1.1 应专门针对资源枯竭型城市可持续发展展开立法

依据现有情况分析,对资源枯竭型城市可持续发展展开的立法模式主要有以下4种路径选择:

第一,将规范性文件制度化、法制化。规范性文件是除了正式的立法文件以外,由党政机关、法院、检察院等制定发布的具有一定约束力的文件。从规范性文件现状来看,我国相关立法对规范性文件的制定主体、发布程序、权限与范围、审查机制等都没有统一、清晰的规定。规范性文件由于具备一定约束力,因此,对于文件本身调整的对象具有约束。在这种情况下,如果将有关资源枯竭型城市的规范性文件进行适当的修改,融入更多的立法技术,并使之按照立法程序上升为法律法规无疑是政策法制化的一种便捷路径。

第二,将成熟的资源枯竭型城市转型发展规划上升为法律法规。正如前述,资源枯竭型城市转型发展规划是未来城市整体性的行动方案,所以,资源枯竭型城市立法的另一种路径选择可以是将相关

① 梁剑琴:《世界主要国家和地区土壤污染防治立法模式考察》,载《法学评论》2008年第3期。

规划转化为立法。这种做法已有先例。如1966年鲁尔区规划上升为法律后颁行,日本相关立法也是围绕规划的制订、颁布、实施展开。

第三,制定资源枯竭型城市转型发展政策法制化的示范程序。目前,与资源枯竭型城市相关的政策法规,在规制重点上突出表现为实体性规范较多,约束权力运行的程序性规范较少。这些实体性规范表现为开发利用秩序规范、新兴替代产业建设、生态环境保护、社会民生保障等各个方面,其目的都在于通过各种具体制度措施对资源枯竭型城市进行援助、并推动其转型发展。然而,这些措施也可能存在政策失效、政府失灵的情况。因此,资源枯竭型城市转型发展不仅需要实实在在的制度措施推动其转型发展,也需要规范和约束制定措施的人的行为,使政府的政策法规制定和实施行为严格依据法律程序在法律授权范围内展开,使相关的政策法规的规划、出台、法律责任的承担等都有法可依,以此抑制政府的盲目和冲动,促使政府在尊重市场理性的基础上推动地区振兴。以此为依据,制定资源枯竭型城市转型发展政策法制化的示范程序自然也是一种立法选择。

第四,制定专门立法予以规制。在资源枯竭型城市可持续发展的新阶段,以法治为中心的治理策略将逐渐发挥功能优势,并替代传统政策依赖型治理,跃升为资源枯竭型城市可持续发展保驾护航的关键力量。具体来看,专门立法予以规制的独特功能优势主要体现为:以法治为中心的治理策略能够以明确的制度规范约束各类利益主体行为;以法治为中心的治理策略有助于克服传统政策依赖型导致的短期性、不稳定性,朝着稳定方向发展;以法治为中心的治理策略能有效推动资源枯竭型城市可持续发展的稳步展开。所以,制定专门立法予以规制也是立法选择之一。①

每种立法思路都有各自的优势和特点。就我国资源枯竭型城市可持续发展的实际情况而言,笔者认为,应针对资源枯竭型城市可持续发展展开专门立法。

第一,严重的资源枯竭型城市问题亟须一部专门规范资源枯竭型城市经济转型、民生保障、生态治理的法律法规。正如前述,我国现有资源型城市总计262座,其中,地级行政区为126座,县级市62座,县58座,市辖区16座。与资源枯竭型城市相对应的衰退型城市共有67座,包括地级行政区24座。② 截至2015年4月,我国地级城市共计334座,其中地级资源型城市就有126座③,约占全国城市数量的38%。这些城市面临着"矿竭城衰"的困难局面。不仅需要投入大量技术、资金、人力进行援助、转型,更需要有稳定的制度措施以明确各方权利和义务,规范各方行为,从而为资源枯竭型城市可持续发展提供制度支撑,这成为资源枯竭型城市治理专门立法的现实动因。

第二,资源枯竭型城市试点改革与相关立法准备活动为专门立法打下了坚实基础。2001年8月,时任国务院副总理李岚清视察辽宁,阜新市向李岚清汇报了当地情况,引起了李岚清对资源枯竭型城市的重视。同年12月,国务院确定将阜新作为首个资源枯竭型试点城市。之后,在党的十六大报告中,提出了支持以资源开采为主的城市发展接续产业的建议;在党的十七大报告中,提出对该区域

---

① 孙浩康:《我国区域政策法制化路径选择初探》,载《中国行政管理》2013年第2期。

② 国务院办公厅:《国务院关于印发全国资源型城市可持续发展规划(2013～2020年)的通知》,载中国政府网文献库:http://www.gov.cn/zwgk/2013-12/03/content_2540070.htm.,最后访问日期:2015年4月18日。

③ 同上。

实现经济转型和扶持;2007 年,国务院颁布《关于促进资源型城市可持续发展的若干意见》①。2008 年、2009 年、2011 年,3 批次的资源枯竭型城市具体名单出台;2013 年,国务院发布《全国资源型城市可持续发展规划(2013～2020 年)》颁布。从各项立法准备来看,2009 年,国家发改委已将资源枯竭型城市可持续立法事项列入国务院立法规划,并启动了立法的前期研究工作。2013 年,国务院明确提出要推进资源枯竭型城市可持续发展立法工作。2015 年,罗涛、崔光磊等 60 名代表又提出关于制定资源枯竭型城市可持续发展法的议案 2 件(第 99 号、第 148 号)。上述的试点实践与立法准备活动为未来的专门立法提供了理论和实践支撑,使开展资源枯竭型城市专门立法成为一种可能。

第三,专门立法的形式而不是分散立法的形式更符合中国的实际。资源枯竭型城市可持续发展立法涉及自然资源合理开发利用、替代产业发展、环境保护与社会民生保障等多个方面。那么,通过各个方面的立法能否解决资源枯竭型城市可持续发展问题呢?事实上,我国现有立法就是按照分散立法的方式展开的,看起来各个方面都有法律法规进行规范、治理,而实际上,这种分散立法体制因为立法目的不同、具体制度各异,容易形成法与法之间的冲突、内耗。而且这种体制也容易导致整合、集聚效力不够,本应集中使用的制度资源被一个个立法所分散,“碎片化”现象严重。其实,国外立法的例子,如日本《不发达地区开发工业促进法》《特定产业临时措施法》《特定萧条地区中小企业对策临时措施法》《特定萧条产业关联地区对策临时措施法》等,已经表明资源枯竭型城市专门立法具有可行性。实践也证明,分散立法在我国并没有取得预期效果

---

① 《资源枯竭型城市如何成功转型》,载光明网文献库:http://www.gmw.cn/01gmrb/2009-04/29/content_914535.htm.,最后访问日期:2015 年 4 月 19 日。

(参见第四章湖南省调研的内容)。

此外,还应指出的是,将规范性文件法制化、将转型发展规划直接上升为立法、制定资源枯竭型城市转型发展政策法制化程序等路径也不具备现实合理性。首先,将规范性文件法制化实质是政策法治化。在政策法治化过程中,要面对政策与法律技术语言衔接以及政策内容向法律规范要素转换问题,看起来容易,实则立法成本与专门立法相差无几,而且因为在政策中已经规定了具体的条条框框,新的立法内容将难以融入。其次,将成熟的资源枯竭型城市转型发展规划上升为法律法规也不合适。因为,每个资源型城市所处类型不同、发展阶段各异、支柱产业运行情况差别很大,可以"一个城市一部规划",但很难"一部规划一部法律"。所以,推动将成熟的资源枯竭型城市转型发展规划上升为法律法规很难适用于全国层面的立法,而更适合于地方立法。最后,制定并推广资源枯竭型城市可持续发展政策法制化的示范性程序也不具可行性。单独就资源枯竭型城市转型发展制定一部示范性程序,将会浪费立法资源。可行的做法是,制定一部关涉所有政策制定行为的法律,而不是选取小切口制定资源枯竭型城市可持续发展的政策法制化示范程序。

综上,与分散立法相较,专门针对资源枯竭型城市可持续发展展开立法更有优势。先不论其立法层级、形式和调整范围,严重的资源枯竭型城市问题、较为充分的立法准备以及国外立法的成功经验,都为专门立法提供了可能性和必要性。

6.1.2 专门立法的形式应当是行政法规

资源枯竭型城市可持续发展专门立法将以何种形式呈现存在几种可供选择的方案。一种是以法律的形式规定。例如,2015 年全国人大代表罗涛、崔光磊等 60 人提出了议案,认为应该专门立法。部分学者如陈婉玲、丁鹏也支持这种观点。① 另一种方案是以行政法规的形式规定。如现在国务院正在准备进行的立法活动，主要是制定资源枯竭型城市可持续发展条例。一些学者如杜辉也持这种观点。②

笔者认为，资源枯竭型城市可持续发展专门立法的形式应当是行政法规。其主要理由在于：

第一，单独制定法律的条件并不成熟。全国人大环资委在回复罗涛、崔光磊等代表所提议案时认为，由于涉及问题复杂多样，需要调整和修改的配套法律法规较多，由全国人大制定法律的难度很大，时间将会拖得很长，所以，应先研究制定资源枯竭型城市可持续发展条例。这应该是一个比较客观的情况描述。

第二，如果以部门规章形式立法在多元监管的现实情况下将困难重重。根据2009年《国务院关于落实〈政府工作报告〉重点工作部门分工的意见》，促进资源枯竭型城市可持续发展由发改委、财政部、扶贫办等负责。而2015年《国务院关于落实〈政府工作报告〉重点工作部门分工的意见》规定，相关事项由发改委、工信部、科技部、交通部、水利部、国土部、商务部、财政部、环保部、住建部、人民银行等负责。这一分工，典型地反映了我国监管体制“九龙治水”的现状。资源枯竭型城市可持续发展涉及面广、综合性强。其治理可能涉及到发改委、工信部、科技部、交通部、国土部、财政部、环保部、住建部、水利部、商务部、人民银行等多个部门，究竟谁来牵头？治理职能如何划分？如何协作？这些问题不是一个部门的行政规章能够

① 参见陈婉玲：《衰退产业财政援助政策的法律保障》，载《法学》2010年第11期；丁鹏：《资源型城市可持续发展的立法定位分析》，载《人民论坛》2012年第9期。

② 杜辉：《资源型城市可持续发展保障的策略转换与制度构造》，载《中国人口·资源与环境》2013年第2期。

解决的。

在这种情况下，最合适的立法选择是行政法规。因为通过国家最高行政机关——国务院制定《资源枯竭型城市可持续发展条例》，既可以避免陷入部门争权与避责的窠臼，又可以通过国务院整合、协调各部门行动，从而提升治理的效率。

6.1.3　应与相关法律法规相协调

资源枯竭型城市可持续发展法律法规从法律属性上讲，应属于区域协调发展特别法。在区域协调发展立法体系中，既有区域协调发展基本法，如德国的《改善区域经济结构的共同任务法》、美国的《地区复兴法》等，又有区域协调发展保障法，包括财政转移支付法、区域规划法、产业政策法等。还应有区域协调发展特别法——特定地区法，包括西部开发法、东北振兴法、中部崛起法①、资源枯竭型城市可持续发展立法等。

未来《资源枯竭型城市可持续发展条例》应与区域协调发展立法体系中的其他法律法规相协调。在效力上，区域协调发展基本法应高于《资源枯竭型城市可持续发展条例》；在体系上，区域协调发展基本法将是立法体系的核心；在内容上，区域协调发展基本法更为原则性，而《资源枯竭型城市可持续发展条例》将更为具体、翔实，更具可操作性。

同时，资源枯竭型城市可持续发展立法是涉及面很广、综合性很强的立法。就内容而言，还应与开发利用自然资源、产业转型发展、生态环境保护和社会民生保障等多个方面立法相协调。避免与高位阶的法律相抵触，在法律进行修订时适时补充与修订与资源枯竭型城市可持续发展相关的内容。

---

①　徐文东、华国庆：《中国区域协调发展立法体系研究》，载《大连大学学报》2009年第5期。

6.1.4 应与地方立法结合形成多层次的立法体系

正如前述,资源枯竭型城市转型发展不仅事关国家经济社会发展全局,更与地方的可持续发展息息相关。依据《宪法》规定,地方政府负有“依照法律规定的权限,管理本行政区域内的经济、教育、科学、文化、卫生、体育事业、城乡建设事业和财政、民政、公安、民族事务、司法行政、监察、计划生育等行政工作,发布决定和命令,任免、培训、考核和奖惩行政工作人员”的责任。推动资源枯竭型城市可持续发展是地方政府应尽的职责之一。因此,在国家制定专门立法时,地方也应积极考虑进行地方性立法,以形成涵盖国家和地方的多层次法治体系。

根据《国务院关于促进资源型城市可持续发展的若干意见》和《全国资源型城市可持续发展规划(2013～2020年)的通知》的规定,省人民政府对于资源枯竭型城市可持续发展负总责,应做好统筹协调,加强对资源枯竭型城市可持续发展工作的组织领导,出台配套政策措施,明确工作责任,确保规划提出的各项任务落到实处。《立法法》也规定,省、自治区、直辖市的人民代表大会及其常务委员会根据本行政区域的具体情况和实际需要,在不同宪法、法律、行政法规相抵触的前提下,可以制定地方性法规。因此,地方立法可以以省人大制定地方性法规的形式出台,而不局限于“用政策落实政策”,在国家专门立法未出台之际,地方政府可以先行先试,一方面有利于本地区的资源枯竭型城市转型发展,另一方面也可以为未来国家制定专门立法积累经验。

6.2 国家层面相关立法的构建与完善

6.2.1 国家层面立法的原则与框架

6.2.1.1 国家层面立法的一般原则

第一,法制统一原则。

法律所特有的强制性、规范性、引导性特征,使立法成为资源枯竭型城市转型发展和治理保障的重要基石。从现在的立法状况来看,相关专门立法的缺失是一个重要的问题。虽然,我国围绕国务院两个重要规范性文件,展开了诸多的政策设计和努力,并对促进资源枯竭型城市可持续发展起了较大的促进作用,例如,明确了资源枯竭型城市名单、建立了城市可持续发展的组织保障体系、制订并审查论证了可持续发展规划、设立并拨付了转移支付资金等。但这些文件本身及其运行还是存在诸多的问题,不但反映为政策的效力层次较低,制度稳定性差,而且更为突出的问题是:存在一些相互矛盾乃至冲突的地方,从而直接影响了资源枯竭型城市可持续发展目标的实现。基于此,从国家层面制定资源枯竭型城市专门立法是非常必要的。

现代社会的一个重要法治原则就是法制统一原则。在现代中国,坚持法制统一,事实上要求在立法时主要应从本国整体利益出发,从长远和根本利益出发,抵制那些突出部门利益、地方利益的狭隘的保护主义。同时,要保持一国法律体系内部的协调一致,在宪法原则与精神指引下保持法律体系内不同层次、级别的法律法规之间的内在和谐。不仅从形式上保证一致,在内容上保持连贯,还要在时序上注重过去的立法与现有立法以及未来的立法趋势之间的内在一致。对于那些已经存在的立法冲突,要想办法尽快通过法律清理等手段采取措施予以清除,避免矛盾在社会运行过程中激化。[①]针对资源枯竭型可持续发展相关立法而言,法制统一原则更意味着立法符合宪法、法律的规定和精神,体系之间和谐而不冲突,不存在相互抵触的情况。这是相关立法的应该考虑的一个基本原则。

第二,平衡协调原则。

资源枯竭型城市可持续发展立法其实质就在于重新调整相关主体的利益,使之更加平衡协调。这不仅要求在调控手段上尊重政府和市场两者的智慧,在价值上注重平衡公平与效率关系,更要求将社会效益与经济效益相协调,通过平衡区域间的财务、税收关系调整中央和地方、地方和地方之间的利益关系,使之更加体现对资源枯竭型城市可持续发展的支持。所以,资源枯竭型城市治理相关立法的平衡协调原则,主要是指运用多种手段,包括财税、金融、产业、规划等,调整发达地区与欠发达地区间关系,最终实现对资源枯竭型城市可持续发展的支援、对国家整体利益目标的实现。具体来看包括4个部分,首先是国家与地方关系,国家应该更注重区域均衡协调发展目标;其次是地方政府与地方政府间,如何通过财政转移支付实现对落后地区的支持;再次是在资源枯竭型城市内部产业发展之间,注重传统产业与新兴产业关系,注重优先发展与共同发展关系;最后是突出需要解决的问题在于保障环境保护与经济社会发展之间的关系。只有这些关系都理顺,利益协调、平衡,才能实现立法的基本目的。

第三,公平原则。

在法学意义上,公平意味着法律关系主体享有平等的权力、履行

① 周旺生:《论中国立法原则的法律化、制度化》,载《法学论坛》2003年第3期。

平等的义务，法律在所有主体面前都是平等的。公平是历史性、社会性的，它总是与一定历史时期特定的生产方式、生产力水平相对应。同时，公平的含义也会随着社会的发展而不断演化发展，在不同时期具有不同的内容。对于法律制度而言，公平是制度构建的基本价值，是社会秩序形成、确立、稳定的基础，是制度合法性的基本根据。就资源枯竭型城市可持续发展立法而言，公平原则主要是指立法时应将公平的价值观念融入具体的法律制度构建和法律规范内容中，并采取各种有效的财税、金融、产业、规划等措施，促进资源枯竭型城市可持续发展，实现区域间经济社会发展的协调均衡。突出公平原则，意在强化政府均衡公共服务职责，不会因片面追求经济发展、效率因素，而忽略区域公平的实现。

第四，可持续发展原则。

资源枯竭型城市治理相关立法将以可持续发展为基本理念，通过产业转型、环境保护、社会保障等方面的制度规范，推动资源枯竭型城市摆脱"资源诅咒"现象和城市生命周期律，加强对历史遗留问题的解决，进而实现当代人和后代人对城市的公平分享，当代人之间的公平拥有以及人与自然的和谐共生。这意味着，在资源枯竭型城市可持续发展立法过程中，应充分体现环境优先原则，在进行传统产业援助时强化资源综合开发利用，在开拓替代产业时要进行合理规划、科学布局，预防污染的发生，以推动经济社会发展与环境保护的协调。

第五，分类指导原则。

资源型城市可以界分为成长型、成熟型、衰退型、再生型 4 种。强调立法过程中的分类指导原则，目的在于根据不同城市的发展特点、具体情况制定不同的调整策略，充分考虑各个城市间的不同情况和各自特点，因地制宜地立法。这需要在立法时进一步明确各种类型城市的定义、发展方向、重点工作内容、具体转型方针，引导各类型的城市在摸索中不断获取经验制定符合实际的发展模式。

6.2.1.2 国家层面立法的基本框架

现阶段，国家层面列入立法计划的主要是行政法规——《资源枯竭型城市可持续发展条例》。国家发改委领导曾经对进一步做好相关立法研究提出 4 点要求。一是立法要立足有限目标，着力调节资源枯竭型城市可持续发展中的主要利益关系，着力解决主要矛盾和问题。二是要注意同其他法律之间的衔接，坚持核心理念，解决紧迫问题，对体现资源枯竭型城市可持续发展特色的内容要进一步深化和规范。三是要注意处理好政府调控和市场作用之间的关系。进一步明确各级政府的责任和义务，特别要规范好资源开发企业与地方政府之间的关系，促进资源开发与地区可持续发展的协调统一。四是要进一步加强理论研究。对我国资源枯竭型城市可持续发展的实践要进行系统深入总结，对近年来我国出台的相关政策要进行科学评估。要对西方国家工业化进程中推进资源枯竭型城市可持续发展的做法进行深入研究。加强多学科融合，要从法学、经济学的角度加以深入系统研究。①

基于以上的思路，《资源枯竭型城市可持续发展条例》可以参考日本《振兴半岛法》(1986 年)的立法框架，围绕资源枯竭型城市可持续发展计划的制订、认可、实施等一系列环节展开。这样的做法既可以使立法集中于有限目标，又可以通过立法从程序上进一步规范资源枯竭型城市治理行为，还可以为地方资源枯竭型城市立法预留空间。其主要框架为：

---

① 《东北司召开资源型城市可持续发展立法前期研究座谈会》，载振兴东北网文献库：http://www.chinaneast.gov.cn/2011-02/18/c_13738005.htm.，最后访问日期：2015 年 4 月 20 日。

第一章,总则。主要包括立法目的、适用范围、基本原则、国务院主管部门职责、省级政府职责、资源枯竭型城市政府职责、资源型企业责任、社会组织与公民等条款。

第二章,资源枯竭型城市的认定。主要包括资源枯竭型城市的分类、不同资源枯竭型城市的标准、资源枯竭型城市的申请者、申请程序、审批程序、公示等条款。

第三章,资源枯竭型城市可持续发展规划。主要包括制定主体、制定过程、认可程序、规划的内容、公众参与等条款。

第四章,资源枯竭型城市可持续发展规划的实施。主要包括实施主体、中央政府实施措施、地方政府实施措施、资金措施、税制措施等条款。

第五章,资源枯竭型城市可持续发展规划实施后评估。

第六章,法律责任。

附则。主要对条例的实施日期及其他问题进行规定。

6.2.2 国家相关立法的完善

在全国人大环资委关于第十二届全国人大第三次会议主席团交付审议的代表提出的议案审议结果的报告中,国家发改委指出,资源枯竭城市转型是我国工业化、城镇化进程中凸显出来的重要战略问题。由于涉及资源开发秩序约束、资源产品价格形成、资源开发补偿等领域的法律法规还不健全,资源枯竭型城市可持续发展工作还缺乏制度保障。换言之,国家层面的立法除了需要专门立法,如国务院行政法规《资源枯竭型城市可持续发展条例》以外,还需要相应调整其他相关立法,以形成综合性的保障体系。

6.2.2.1 有序开发综合利用资源方面法律法规的完善

我国现有的有序开发综合利用资源方面法律主要是《煤炭法》《矿产资源法》《矿山安全法》《土地管理法》等,其中,《矿产资源法》

居于核心地位。在这方面的立法完善,主要目的是建立两个长效机制——开发秩序约束机制和产品价格形成机制。

第一,建立开发秩序约束机制。

首先,在对《矿产资源法》修订过程中,应增设矿产资源规划一章,列为第二章。在《矿产资源法》中明确规划的价值和地位对于实现预防为主、合理布局具有重要作用。因此,新的《矿产资源法》应当对规划的主体、编制、实施、评估等各环节作出细致规定。

其次,应在《矿产资源法》中,明确规定矿产资源预警制度,开展矿产资源开发利用与可持续发展评价,真正从生命周期角度,而不仅仅是利用角度探索矿产资源开发利用的规律。

再次,在《矿产资源法》中进一步强化环境保护的有关规定,具体包括坚持环境保护与经济社会发展相协调原则、坚持预防为主原则、环境有偿使用原则,贯彻落实环境法中的环境影响评价制度、"三同时"制度、许可证管理制度、环境信息公开与公众参与制度,强化事后环境治理与事前预防并重的理念,重点规定矿山地质环境整治、矿山复垦利用等制度措施,进而在法律责任一章中加重对违法行为的处罚力度。

最后,在《矿产资源法》中明确规定发展绿色矿业的要求。明确绿色矿业的定义,确立审批绿色矿业的标准、机关,从法律上明确规定不同地域、行业领域的建设标准。同时,强化对新建矿山绿色矿山建设的强制性要求,并督促老矿山展开绿色矿山创建活动。

第二,深化矿产资源有偿使用制度改革。

首先,在《矿产资源法》总则部分中,应当明确规定矿产资源有偿使用制度。

其次,在《矿产资源法》中进一步明确矿业权的法律属性及其地位。矿业权按照《物权法》的规定应该属于用益物权的类型,具有物权所特有的排他性和私权性质。矿业权产权本身源于矿业权人的投资,在价值创造过程中,随着勘查资本的投入、物化劳动的开展,才形成了矿业权的经济价值,所以,其收益应该属于矿业权的所有者。《矿产资源法》的修改应该体现《物权法》的精神。同时,构建矿业权流转的相关制度。现行的《矿产资源法》中规定了"禁止将探矿权、采矿权倒卖牟利"的内容。这一条款事实上违背了矿业权用益物权的属性,因此,在《矿产资源法》修订中应予以废除。同时,应规定矿业权流转的相关制度,包括自由转让、抵押制度,并按照"物权公示原则"予以登记生效。

再次,改革矿业权优先权制度。在《矿产资源法》中,应当适时地取消关于优先权的规定,替之以规定,探矿权人探明矿产后,具有依法申请采矿的权利,从而为探矿权向采矿权的过渡提供条件。同时,增加矿业权物权登记制度。作为用益物权的矿业权自然应该符合物权的基本要求,无论是通过招拍挂或者协议形式获得的勘探权和采矿权都应当在政府机关进行登记,其变更、消亡也应该有案可查。

最后,进一步构建完善资源税费制度。矿产资源有偿使用制度的建立,一个重要的措施在于资源税费制度的完善。现行的征收方式主要是按照采石量或者销售收入计征,其缺陷在于容易导致"采富弃贫"的掠夺式开采,再加上税费标准过低,也不利于使相应成本内部化。应该改革现有的资源税费制度,按储量消耗来计征,并适时提高相关税费标准。

第三,修订完善其他制度。

完善矿产资源勘查制度。在《矿产资源法》中规定找矿事项,明确向资源枯竭型城市倾斜,避免超深越界非法开采。

完善重要矿产资源保护性开采制度。现有《矿产资源法》虽然规定了保护性开采制度,实施有计划、许可式的开采,不过,这些保护措施还是略微单薄,保护性开采范围较窄。因此,在未来修订时,应当进一步扩大保护性开采的范围,同时建立重点矿种矿产地国家储备制度。

6.2.2.2 构建多元化产业体系方面法律法规的完善

除了有序开发综合利用资源方面的立法,资源枯竭型城市可持续发展立法关注的重点还应包括衰退产业结构调整与替代产业培育的内容。立法或者立法完善的重点在于建构衰退产业援助机制和替代产业扶持机制。

第一,建构衰退产业援助机制。

我国现有衰退产业的法律法规主要是《节约能源法》《环境保护法》《大气污染防治法》《促进科技成果转换法》《固体废物污染环境防治法》《水污染防治法》等。这些立法主要关注衰退产业结构调整,也就是提高技术标准、淘汰落后产能,然后实施关停并转。应当指出的是:

要注意关停并转过程中投资者权益的保护。不能全凭行政命令对企业正常的生产经营活动进行干预,实施关停并转应有序开展,非法的予以取缔,合法的应给予适当补偿。

制定衰退产业援助型法律法规。我国并没有严格意义上的衰退产业调整法,特别是援助型法律。关于衰退产业的定性、产业结构深化调整方向、相应的救助对策措施等仍然处于无法可依的状态,亟须就此展开相关立法。可以参考日本的《特定产业临时措施法》《产煤地区振兴事业团的部分修正法》《特定萧条地区中小企业对策临时措施法》等立法,展开相应产业援助。其主要的制度包括,产业衰退预警机制、退出援助机制和企业反哺机制等。

第二,建立替代产业扶持机制。

确立资源枯竭型城市替代产业扶持制度。该制度要求结合政府和市场两者的力量，通过财税、金融、产业等政策手段，促进新兴替代产业的发展与布局，彻底摆脱传统资源型产业的发展困境。其关键措施在于城市整体的发展规划和产业布局，在政府引导下选择符合实际的要素市场和替代产业。

突出资源枯竭型城市可持续发展的激励制度。资源枯竭型城市可持续发展其关键在于激发参与主体的活力，包括刺激地方政府、传统产业、替代产业发展等，也包括人才的引入、技术的替换等。这就需要政府不断地丰富激励的手段和措施，通过财税优惠、用地规划调整等实施推动工程。应该指出的是，我国已经制定了诸多的“促进”类法律，如《中小企业促进法》《清洁生产促进法》《循环经济促进法》等，但这些法律制度由于颇具“软法”性质实际效果并不明显。应及时对这些法律进行修订，增加实质性促进内容，从而真正产生制度激励效应。

6.2.2.3 切实保障和改善民生方面的法律法规的完善

民生保障与环境治理是资源枯竭型城市可持续发展的核心内容，也是体现以人为本、社会救助理念的具体方面。不过，现阶段的立法存在一些问题，亟须完善。

第一，促进就业和再就业法律制度的完善。

《就业促进法》在实施过程中并没有妥善解决自主创业问题、建设人力资源服务体系问题、加强职业技能培训体系建设等问题，所以，在未来法律修订时，需要明确这些不具体的内容，规定对劳动密集型企业、小微企业的帮扶政策；提供小额度的担保贷款、创业激励等创新、创业措施；健全职业教育体系，发挥再就业教育的作用，推动各类群体创业带动就业。

第二，棚户区改造和社会保险制度。

现阶段与棚户区改造有关的规定主要是3个政策性文件。对于棚户区改造而言，主要应该扩大中央财政的投入，加强税收、土地供给和金融等方面的配套支持政策，同时，加强排水、供暖、供气、供电、道路、垃圾收运处理等基础设施建设。对于社会保险制度的改进，可以在修订《社会保险法》时，针对资源枯竭型城市的特殊情况作一些特殊处理，包括扩大参保范围、解决关停并转企业的医保问题、化解“老工伤”人员参保问题等。另外，要结合产业衰退预警机制，强化资源型企业参保率，提升职业护理水平和失业、工伤保险水平。

6.2.2.4 *加强环境治理和生态保护方面法律法规的完善*

第一，关键在于形成资源开发补偿机制。

应通过立法明确补偿的主体、客体、对象，规定合理的补偿标准。

第二，完善矿山地质环境恢复治理制度。

应明确“谁开发、谁保护，谁受益、谁补偿，谁污染、谁治理，谁破坏、谁修复”的法律责任；同时规定在责任人缺失情况下，地方政府的承担恢复治理责任。再者，不断完善矿山地质环境治理备用金，做到全面覆盖、有序管理、合理使用。

第三，完善节能减排制度。

我国推进矿业企业节能减排的法律法规主要有：《环境保护法》《科学技术进步法》《促进科技成果转换法》《中小企业促进法》《清洁生产促进法》《循环经济促进法》《可再生能源法》等。在实施过程中，节能减排制度并没有被很好地贯彻，一批化工、电力、冶金、煤炭、建材等行业落后产能和工艺技术设备仍在使用，工业用水效率较低，低碳技术、低碳产品使用率较低。在调研中，一些地方就指出“清洁生产流于形式”，并无多大减排效果。因此，完善节能减排制度的关键在于，通过适宜的制度建构通过正向与负向激励，促进矿业企业节能减排。

6.2.2.5 财政转移支付与征收资源税费方面法律法规的完善

由于资源枯竭型城市自身造血功能有限,因此,资源枯竭型城市可持续发展离不开外部的财政援助。其来源主要是财政转移支付、征收资源税费。所以,有必要通过立法的形式,规范中央财政转移支付,明确资源税征税范围、税目、税额、税率,并通过一定的税收减免措施,推动资源枯竭型城市的转型升级,从而为资源枯竭型城市经济转型、环境治理和社会保障提供有力的资金支持。

第一,完善财政转移支付法律制度。

尝试在纵向转移支付基础上,建立横向转移支付机制。

完善《中央对地方资源枯竭城市转移支付管理办法》,结合具体的考评情况拟定补助期限、金额,而不是简单的"一刀切"的规定"补助期限为4年"。强化资金使用过程管理,延长资金使用申报时间、允许根据实际情况改变资金使用方案和资金使用范围,增设替代产业发展和促进资金的援助。

第二,改革资源税费制度。

我国现行资源收费制度的主要缺陷在于:一是资源收费种类多、过于复杂,收取资源补偿费的范围狭小;二是收费标准低;三是征收不均的现象严重;四是生态性收费和资源补偿性收费或管理费的界限不清、费与税界限不清。[①] 除了这些之外,就资源枯竭型城市而言,资源税费制度还应该体现对资源枯竭型城市的反哺和利益共享,畸高的中央和地方收入分配比例,不完善的计征方式,将不利于改善资源产地居民生产生活条件,也不利于促进资源开发收益向资源枯竭型城市倾斜。

首先,应该适当地提高资源税费,重构我国资源补偿费制度与资

---

① 李慧玲:《环境税费法律制度研究》,中国法制出版社2007年版,第206~210页。

源税制度。建议对我国对现行资源税费制度进行改革:一是重新定位资源补偿费制度的主要功能,真正反映对资源地的补偿作用。二是对资源补偿费制度的适用范围更加细化,具体应包括,可持续发展费、职工安置费、环境整治费、社会保障费等。三是提高资源税。

其次,调整资源补偿费与资源税的分配方式。建议在分配方案上,将资源税确定为地方税种,完全留给地方;同时重新调整资源补偿费在中央和地方之间的分配关系,加大地方的留成比例。

最后,结合《环保税》征求意见稿第 7 条的规定,“省、自治区、直辖市人民政府可以根据本地区污染物减排的特殊需要,增加同一排放口征收环境保护税的应税污染物种类数。”可以在重在调控、正税清费、合理负担、有利征管的情况下增加相关规定,扩大资源枯竭型城市治理的资金来源。

第三,建立资源枯竭型城市可持续发展准备金制度。

资源枯竭型企业可持续发展准备金制度亟须总结试点经验,进一步明确、完善相关内容、征收程序、使用办法。

第四,授权增设地方税种,专门支持地方资源枯竭型城市发展。

资源枯竭型城市治理需要大量的资金。在社会资本投入不足而主要依靠国家财政投入的情况下,如果中央转移支付达不到治理所需,而地方政府又无资金可用,就会影响资源枯竭型城市治理的效果。因此,在这种情况下,可以通过中央授权增设地方税种,来专门支持地方资源枯竭型城市发展,主要针对资源枯竭型城市历史遗留问题的解决,促进生态保护、环境整治,为资源枯竭型城市营造良好的社会环境。

6.3 湖南省专门立法的探索

除了国家层面的立法,地方层面立法也是资源枯竭型城市可持续发展法治体系的重要组成部分,两方面相互配合才能形成稳定的多层次法治体系。在此,从湖南省的具体情况出发,探讨湖南省展开资源枯竭型城市专门立法的必要性、专门立法的章节安排逻辑以及立法的基本框架。

6.3.1 湖南省专门立法的必要性

湖南素以“有色金属之乡”和“非金属之乡”著称。与资源丰富相对应,由于长期的无序开采,“资源诅咒”现象开始出现,湖南省内若干城市出现了资源枯竭、经济停滞的情况。

湖南省有关资源型城市可持续发展专门立法尚属空白,只有3部政策性文件,分别为《湖南省人民政府关于促进资源型城市可持续发展的实施意见》(湘政发〔2012〕20号)、《湖南省人民政府办公厅关于促进传统老工业工矿区转型发展的实施意见》(湘政办发〔2014〕64号)、《湖南省人民政府办公厅关于支持娄底市资源型城市转型发展的实施意见》(湘政办发〔2015〕9号)。

然而,这3部规范性文件都属于政策性文件,其主要内容大都比附、对照国务院《关于促进资源型城市可持续发展的若干意见》(国发〔2007〕38号)的规定。一方面,政策的效力较低、强制性不够,短期性、变化性影响因素很大;另一方面,这些政策在内容上也缺乏湖南“本土化”内容。湖南省内资源型城市有14座,其中,地级市4座,县级市7座,县3座。这些城市所属的资源型城市类型不同,主体资源不同,替代产业发展程度也不一样,都笼统地规定同一的“工作目标”,规定同一的“重点任务”,如“培育壮大接续替代产业”“加强环境整治和生态保护”“着力解决就业等突出社会问题”“建立资源型城市可持续发展的长效机制”等①,是否能够有针对性地开展类型化治理,确实值得反思。

因此,湖南省制定专门立法具备现实必要性。根据《国务院关于促进资源型城市可持续发展的若干意见》和《全国资源型城市可持续发展规划(2013～2020年)的通知》的规定,省人民政府对于资源型城市可持续发展负总责,应做好统筹协调,加强对资源枯竭型城市可持续发展工作的组织领导,出台配套政策措施,明确工作责任,确保规划提出的各项任务落到实处。而且,2007年12月,国家发改委下发了《国家发改委关于批准武汉城市圈和长株潭城市群为全国资源节约型和环境友好型社会建设综合配套改革实验区的通知》,批准长沙、株洲、湘潭城市群为全国资源节约型和环境友好型社会建设综合配套改革实验区。“长株潭城市群”将在“资源节约利用、环境保护、产业结构优化升级、科技体制、土地管理、投融资体系、财税、对外经济统筹城乡、行政管理体制”等10大重点改革领域,展开综改试验。所以,资源枯竭型城市在国家专门立法未出台之际,地方立法可以先行先试,一方面有利于本地区的资源枯竭型城市可持续发展,促进两型实验区建设;另一方面也可以为未来国家制定专门立法积累经验。

6.3.2　章节安排的内在逻辑

就立法技术而言,法律法规篇章结构的铺陈、展开一般都依循一定的内在逻辑,资源枯竭型城市可持续发展立法也不例外。现有法律法规,在展开规范论述时,主要存在两种逻辑。一是围绕振兴计

---

①《湖南省人民政府关于促进资源型城市可持续发展的实施意见》(湘政发〔2012〕20号)。

划展开，例如，日本《振兴半岛法》的主要章节为总则、指定、计划、计划的实施等。二是依据内容划分展开，例如，《全国资源型城市可持续发展规划（2013～2020年）》主要条款是规划背景、总体要求、分类引导各类城市科学发展、有序开发综合利用资源、构建多元化产业体系、切实保障和改善民生、加强环境治理和生态保护、加强支撑保障能力建设、支持政策和保障措施等。

两种逻辑本身并无好坏之分，也都可以起到规范建构的效果，但从法治体系的层次上观察，国家层面立法可以选择前者，以便围绕资源枯竭型城市可持续发展计划的制订、认可、实施等一系列环节展开。这样的做法既可以使立法集中于有限目标，又可以通过立法从程序上进一步规范资源枯竭型城市治理行为，还可以为地方资源枯竭型城市立法预留空间；地方立法则可以从内容上入手，不过不再围绕自然资源开发利用、产业转型发展、生态环境保护、社会民生保障等剖面展开，因为这些内容很多都属于相关法律调整的范围，而是依循准入与开发、拓展与扶持、转型与退出的动态过程展开。这样的结构安排既有明确的阶段性，也能够在每一阶段纳入资源枯竭型城市的特定内容，更便利了行政机关具体执行和其他利益主体，如企业、公民对法律法规的理解和遵守。所以，《湖南省资源枯竭型城市可持续发展条例》的篇章结构应该包含这9个部分。第一章总则，第二章资源枯竭型城市认定与可持续发展规划，第三章资源枯竭型城市产业拓展与扶持，第四章资源枯竭型城市转型与退出，第五章城市基础设施建设与社会统筹，第六章环境治理与生态修复，第七章经济补偿与激励，第八章法律责任，第九章附则。

6.3.3　《湖南省资源枯竭型城市可持续发展条例》的框架结构

第一章　总则

作为《湖南省资源枯竭型城市可持续发展条例》的统领性内容，

总则应当对立法目的、适用范围、基本原则、省级政府职责、资源枯竭型城市政府职责、资源枯竭型企业责任、社会组织与公民等条款作出规定。例如,立法目的可以表述为,为了规范资源枯竭型城市开发建设与发展转型活动,全面落实科学发展观,促进资源枯竭型城市经济、社会、生态全面协调与可持续发展,依据《矿产资源法》《森林法》《城乡规划法》等有关法律,特制定本条例。

第二章　资源枯竭型城市认定与可持续发展规划

第一,资源枯竭型城市认定。除了国家发改委会同国土、财政等部委,通过名录的形式认定和调整资源枯竭型城市以外,省发改委会同国土、财政等厅局,认定和调整以资源开发为主体产业的矿(林)区或城镇,报省级人民政府批准后公布。

第二,资源枯竭型城市的认定标准。主要依据产业、就业、财政等依存度和城市资源性产业的集中性系数标准,并根据类型与规模,划分、确定不同发展阶段的资源枯竭型城市。

第三,建立资源枯竭型城市转型评估指标体系,对经济转型、环境治理与生态修复、健全社会保障、解决就业问题、消除贫困、棚户区搬迁改造等各项任务的完成情况和转移支付资金的使用情况,定期进行考核。

第四,资源枯竭型城市人民政府应当建立可持续发展的目标责任制,主要指标纳入经济社会发展综合评价体系和政府年度考核体系,作为政府主要领导干部综合考核评价的重要内容,并依据考核评价的结果实行绩效奖惩和行政问责。

第五,资源枯竭型城市人民政府编制可持续发展规划,应当符合国家及省级经济和社会发展总体规划、主体功能区规划的要求,并与相关专项规划和区域规划相衔接。资源枯竭型城市人民政府编制的可持续发展规划,应当先经本级人民代表大会常务委员会审议,常务委员会组成人员的审议意见交由本级人民政府研究处理。可持续发展规划由省级人民政府审批,审批前省发改委报送国家发改委审查衔接。可持续发展规划经省级人民政府审批后,上报国家发改委备案,并向社会公布。

第三章 资源枯竭型城市产业拓展与扶持

主要包括资源开发产业集约发展、资源开发产业链延伸、新兴产业培育、技术创新与支持、城市主体产业战略转型、产业衰退预警等条款。值得一提的是,有必要提出产业衰退预警制度,规定资源枯竭型城市人民政府依据对产业发展稳定、持续状况的判断,采用定性与定量相结合的方法,对产业发展态势进行追踪分析、警情预报。在定量分析的基础上结合定性分析,综合评价产业发展变化的趋势,当多数指标值接近警戒线时,及时发出警报,避免产业发展受到严重损害。

第四章 资源枯竭型城市转型与退出

主要包括资源开发产业衰退扶持、产业接续替代、承接产业转移、重点产业项目扶持、现代服务业发展、地方特色产业发展等内容。资源枯竭型城市应当以地域和资源优势条件为基础,形成市场化、规模化、集约化和链条化的具有产地特色、产业特色、产品特色的地方特色产业发展体系。各省(自治区、直辖市)在组织本地区地方特色产业中小企业发展资金项目申报和评审工作时,优先支持资源枯竭型城市特色产业发展。

第五章 城市基础设施建设与社会统筹

主要包括城市基础设施、空间布局、棚户区改造、沉陷区改造、就业保障、专项职业培训、社会保障统筹、医疗保障、援助救济等内容,特别应重视空间布局的优化,资源枯竭型城市新建矿区应当科学规划,合理布局,严格界定生产和生活区。对于矿区与城市中心区有一定距离的资源枯竭型城市，对几个采矿点集中布置城市组团，使矿区形成城市格局，城市组团市政基础设施与城市中心区同步建设。对于矿区距市中心偏远的资源枯竭型城市，建立长距离通勤开发模式，将矿区建设与城区建设分离，带动市区商业和服务业发展，形成城市中心。

第六章　环境治理与生态修复

主要包括环境治理管理实施、环境治理评价与防范、资源开发环境治理、资源开发地质灾害预警、地质灾害防治、矿山土地复垦、矿山地质环境治理恢复保证金等内容。

第七章　经济补偿与激励

主要包括可持续发展准备金、财力性转移支付、资源税改革、金融扶持、技术创新、林区开发修复补偿等内容。可以将可持续发展准备金条款规定为，可持续发展准备金是由资源开发企业在税前按一定比例提取的资金。

第八章　法律责任

应主要规定各级政府及其管理部门在资源枯竭型城市开发建设过程中违反相应责任和义务的，依法承担相应的法律责任；相关企业、社会组织和公民违反相关具体规定的，依法承担相应的法律责任。

第九章　附则

总之，未来的《湖南省资源枯竭型城市可持续发展条例》可以围绕总则、资源枯竭型城市准入与开发、资源枯竭型城市拓展与扶持、资源枯竭型城市转型与退出、城市基础设施建设与社会统筹、环境治理与生态修复、经济补偿与激励、法律责任、附则等进行设计，以制度“本土化”为原则提出具备湖南本土适应性的制度建构和立法规制方案，推动湖南省资源枯竭型城市可持续发展的法治化。

7. 我国资源枯竭型城市可持续发展司法保障的完善

从法治运行层面来看，在立法完善、严格执法以外，还应更加注重法的适用，充分发挥环境司法对于资源枯竭型城市的保障作用。通过加强环境司法来弥补行政执法的不足，形成在资源枯竭型城市可持续发展过程中行政与司法手段的双轮驱动，并通过及时、有效、公正地裁判惩治相关违法犯罪行为，增强法律的威慑力。

7.1 树立可持续发展的环境司法理念

资源枯竭型城市对于效率、秩序、公平价值的追求，要求司法能动地进行调整，不仅针对人与人之间的社会关系，也通过调整人与人之间关系协调人与自然之间的永续发展,这就要求将可持续发展作为环境司法的基本理念。

7.1.1　以可持续发展为基本理念

资源枯竭型城市的司法保障应以可持续发展为基本理念,通过司法途径对利益进行衡平,进而实现当代人和后代人对城市的公平分享,当代人之间的公平拥有以及人与自然的和谐共生。因此,需要在环境司法中切实融入可持续发展的基本观念、方法和立场,使司法绿色化,增强可持续性。

7.1.2　确立预防与恢复性司法理念

环境污染与生态破坏的特点在于,事后救济效果弱于事前预防。只有更加注重风险防范,注重对环境司法过程中那些可能危害环境的行为和危险犯、行为犯的干预,才能有效地展开风险规制。因此,预防与恢复性司法理念在资源枯竭型城市法律适用过程中非常重要。应更多选择预防性的手段而不是事后救济,更多选择恢复性手段而不是单纯的财产罚或者人身罚。

7.1.3　树立公益性司法理念

资源枯竭型城市价值具有公共性。任何对资源枯竭型城市的破坏不仅会侵犯公民的个人权利,还会侵害国家与集体利益。换言之,针对资源枯竭型城市发生的破坏环境资源类行为,不仅是私人主体之间的利益损害补偿问题,更是公共机构对损害社会利益行为的国家追究,是维护公共利益的现实表现。这意味着,针对资源枯竭型城市可持续发展展开的司法保障,主要出于公共利益,其重点在于实现环境司法的公益价值。因此,需要树立以社会利益为旨归的司法理念,运用系统性思维、整体性观念、综合性方法来推动资源枯竭型城市的可持续发展。

7.2 加强环境司法能力建设

7.2.1 畅通司法救济渠道

实践中,迈入诉讼程序的相关案件数量仍然较少,而实际发生的相关纠纷却数量可观。之所以出现这样的局面,是因为司法救济渠道不畅通。为此,应调整现有的受案标准、加强案件协调配合能力,以实现对资源枯竭型城市永续发展的司法保障。

7.2.1.1 降低相关案件的起诉门槛

由于对环境污染与破坏类案件的社会影响抱有谨慎态度,加之现有法律规定对此类案件规定了较高的受理门槛,在立案标准、主体资格上较为严格,所以,诉讼难以提起。为了能够促进资源枯竭型城市的转型发展,应当增强绿色司法意识,适当降低相关案件的受理门槛,赋予当事人诉讼权利。对达到受理条件的案件应积极受理,不能因为社会影响大而推诿回避。

7.2.1.2 保障司法救济信息的共享

审判机构与侦查、检察、执行机构之间的信息共享与工作衔接对于畅通司法救济渠道具有重要意义。可行的做法是,通过建立信息交换中心,促进公检法司之间的信息共享,形成约束监督力量。建议在资源枯竭型城市行政与公检法司之间构筑联动网络,保持信息传递与沟通,并同步实施信息反馈机制。而且有关信息应及时公开,保障公众知情权,促进相关问题得以及早发现,较好解决。

7.2.2 实现环境司法专门化

7.2.2.1 设置专门的审判机构

专门法庭的设置与管辖,应着眼加快建立有效约束建设开发行为和促进绿色发展、循环发展、低碳发展的可持续发展法律制度，强化资源开发法律责任的追究。具体来说，可以在中级人民法院设立资源枯竭型城市法庭。一方面，可以统一受案标准、规范审判过程；另一方面，也可以避免地方干扰，保障公正与独立。

7.2.2.2　实施适合的具体诉讼规则

充分重视相关诉讼中，受害者的弱势地位。在民事侵权责任构成要件中，行为的违法性、行为后果、必然的因果关系应成为选择条件，实施无过错责任原则，实行举证责任倒置；在行政案件适用时，更多地从预防性角度来考虑，对“可能的”危害行为进行规制，对违法行为进行严惩；在个案审理中，法官应依据自由裁量权，对环境公共利益进行酌情考虑，在证据非公权力难于收集和提供时，可以依据申请或者职权收集证据，确保正义的实现。

7.2.2.3　完善案件管辖机制

可行的做法是，采取跨区域司法形式进行集中管辖，推行民、行、刑案件的三审合一受理，推动城市确定法院管辖范围。

7.2.2.4　提高环境司法审判水平

第一，应加强专职队伍建设。选拔环境法、经济法专业人才进入法官队伍，选拔环境律师提升审判水平；第二，开展专家辅助审判工作。借助专家的技术优势，发挥其所长，在需要考虑技术层面问题时，积极听取专家证人意见；第三，设置专家陪审员。让专家参与直接审案。通过这些做法，有效提升环境司法审判水平。

7.2.3　构建环境诉讼基金

在诉讼过程中，无论是行为、财产保全，或是先予执行，都涉及资金问题。由于相关当事人提起诉讼，其目的不仅在于保护私益，也在于保护社会乃至公众利益。因此，对这些诉讼，需要通过社会机制来实现诉讼成本的分担，而构建环境诉讼基金正好可以化解这一问题。应借鉴国外的一些经验，通过国家财政补助、社会募集、污染者课税、环境税费等形式确保基金的资金来源；通过适当的申请程序，明确的申请主体，规范基金的运行；通过社会化运作，有序的投资，实现基金的保值增值。

7.3　完善相关诉讼制度

7.3.1　改进行为保全制度

行为保全制度在我国有关的立法中已经有所体现，如2000年《专利法》修订后，设置了诉前停止侵权的相关规定，现行《著作权法》《商标法》也存在类似的规定。也就是说，我国已经初步具备了实施行为保全制度的基础，在资源枯竭型城市相关诉讼中，可以借鉴吸收这些有益因素。

笔者认为，由于生态利益复杂多样，因而在具体的司法适用过程中，法官应根据具体的案件情况差异，展开区别对待，决定申请人是否应该提出担保。可以吸收借鉴域外国家的做法，考虑诸如行为保全可能的损害、紧迫性、受害人被侵害程度、关涉利益等因素展开判断。

7.3.2　改进财产保全制度

在我国现有立法中，财产保全制度已经有所规定。《民事诉讼法》有关于财产保全的规定、《海事诉讼特别程序法》则对可能发生的环境污染侵权作出了规定。笔者认为，这一制度的改进需要考虑以下4个方面：

第一，启动保全程序不以担保为先决条件。由于资源枯竭型城市面临的特殊社会问题，以担保为必要前提启动保全程序，既不现实,也会阻碍相关诉讼的顺利进行。因此,是否应以担保为前提,需要由法官对个案进行自由裁量。在全面考虑案情和当事人基本情况的基础上,依据事实与法律进行利益衡量,对社会利益的比重进行估算,以相应减少担保的要求。

第二,在管辖权归属问题上,可以更为灵活。赋予标的物所在地的法院管辖的权力。充分尊重当事人的选择权利,方便当事人及时行使诉权,有效保护合法权益。

第三,在终结诉讼程序上,尽量减少法院职权主义特征。允许以当事人申请作为终结程序的合法理由。

第四,在救济上,可以规定对财产保全裁定不服的,经申请复议仍然存有异议的,有权向上一级法院提起上诉。

7.3.3 改进先予执行制度

先予执行制度对于绿色司法具有重要意义,因为,环境侵权案件可以通过适用先予执行,保障被侵权人利益。应该规定,法院在一定条件下可以不要求当事人提供担保即采取先予执行措施。符合这一条件的申请应是,申请人提出了初步证据,且申请人能够证明其目的是为了公共利益。这些证据能够证明因为被申请人的行为,将导致严重污染和生态破坏的情况发生,或者证明将造成难以恢复的环境破坏。

7.3.4 改进环境公益诉讼制度

环境公益诉讼是新兴的保护环境的重要司法手段,亦是促进全民保护环境,参与社会公共事务管理的方式之一。目前,由于环境公益诉讼制度还刚刚起步,存在的问题颇多,为此,应以制度构建完善为抓手,强化其制度效能。

7.3.4.1 环境公益诉讼的主体资格应进一步放宽

虽然新环保法已经放宽了诉讼主体资格,使其扩张到设区的市级以上民政部门登记的社会组织,但仍然规定需要5年的期限。由此,一批环境保护公益组织被挡在法院门外,造成相关诉讼提起不畅。在这种情况下,建议将主体资格进一步放宽,扩张到所有依法登记的社会组织。

7.3.4.2　司法职权主义保护生态环境的功能应进一步彰显

在环境公益诉讼中,由于调查取证难、委托鉴定费用高,需要担保手续等,因此,常常难以获得充分证据。为此,需要进一步强化司法职权主义功能,在取证、鉴定、保全等方面更加积极主动;应更多地适用禁止、恢复令,并明确资金用途,以确保诉讼目的的实现;严格审查审理过程中出现的调解、撤诉等情况,避免以此损害环境利益。

7.3.4.3　改进检察机关提起公益诉讼机制

第一,在公民、社会团体、行政机关均提起公益诉讼时,检察机关应当结合案件自身特点,综合考虑利益关系和资源禀赋的不同,确定具体的一个或多个原告,并协调不同原告之间的关系,针对原告承担的诉讼工作提出建议。

第二,在公民和社会团体均拒绝提起公益诉讼时,检察机关在明知自然资源受到侵害之时,也应当及时提起公益诉讼。需要其他原告共同参与诉讼的,行政机关有作为共同原告提起诉讼的义务,公民和社会团体有提供证据、技术支持的义务。

第三,建立备案制度。在检察机关作为原告之一时,应当在提起诉讼中起主导作用;检察机关不作为原告时,也将承担法律支持、调解原告争端及外部联系的职能。

第四,当不同原告之间存在争议,且原告所在地在不同地区时,应当由上述地区检察院的共同上级检察院作出协调,共同上级检察院在充分考虑具体案情之后,在一定期限内确定公益诉讼的原告。出于效率的考虑,该决定具备终局性,不得进行诉讼、复议。

第五,从全国来看,最高人民检察院及其授权的省级检察院对全国性有重大影响的公益诉讼案件的原告之间的争议进行协调,并作出最终决定。2015年,最高人民检察院发布《检察机关提起公益诉讼改革试点方案》已经明确了检察机关可以作为原告提起公益诉讼,这让联合原告机制的构想变得不再是空中楼阁。当然,检察机关作为协调机构的身份确立,同样需要立法明确。检察机关必然作为原告参与诉讼,还是具备一定裁量权,可以选择性参与公益诉讼案件,是不容回避的问题。刑事诉讼中存在自诉案件的根本理由就在于,自诉案件所侵害的法益相对较小,出于司法资源和社会危害程度的考虑,公民个人可直接提起诉讼。同样,资源枯竭型城市的公益诉讼案件亦有轻重之分。笔者认为,轻微的公益诉讼,检察机关可以不作为原告参与诉讼,至于严重损害公民身体健康、受害公众人数众多、严重损害环境以及复合型的公益诉讼案件,检察机关应当作为原告或原告之一提起诉讼。①

7.4 强化环境刑事司法适用

7.4.1 环境犯罪规定的完善

7.4.1.1 污染环境罪的改进

第一,在犯罪对象上,应将范围扩张到包括生活垃圾在内的废弃物之上。因为,如果污染者大量违规排放生活垃圾,其对环境的危害也非常严重,所以,犯罪对象应将其纳入。

第二,在《刑法》修订前,污染环境罪的主观方面一般被理解为

---

① 张力增:《环境公益诉讼原告制度的困境及突破》,载《天津法学》2016年第1期。

过失,因为,在进行表述时,“事故”一词意味着事件是突发和偶然的,相对应的犯罪嫌疑人对事故发生所持的态度则是反对和排斥的,所以,学术界大多认为“事故”型犯罪是过失犯罪。基于此,如果行为人出于故意心态,则不符合表述中“事故”的含义。事实上,这一规定并不合理,故意行为导致污染与投放危险物质犯罪侵害的法益并不相同,一是生态利益,二是不特定的群体的生命和财产利益。因此,“污染环境罪”应包含故意型和过失型两种主观状态的犯罪,并在设置刑罚时作出区分。

7.4.1.2 非法处置进口与擅自进口固废罪的改进

应该从3个方面进行改进:第一,将进口废物的形态由固体废物向其他各种形态扩张;第二,扩张行为的客观方面,除了倾倒、堆放、处置以外,还应涵盖收购、运输、出售等行为;第三,现有规定将非法处置设定为行为犯,将擅自进口设定为结果犯。应当将擅自进口固废罪调整为行为犯,以便于预防此类犯罪的发生。

7.4.1.3 非法占用农用地罪的改进

主要应该从两个方面予以改进:第一,犯罪对象不能仅仅限于农用地,应当包括其他土地;第二,非法占用这一规定略显局限,应扩张对危害手段的规定。

7.4.2 对环境犯罪财产刑和非刑罚手段的完善

7.4.2.1 财产刑相关规定的完善

主要包括3个方面:第一,适度扩张罚金刑的范围。在那些没有设置罚金刑的环境犯罪条款中,增设相关条款。第二,改善罚金刑的适用方式。对那些社会危害性较小,主观恶性不大的环境犯罪单处罚金,而其他社会危害较大,主观恶性严重的应并处罚金。第三,适当提高罚金刑的限额。

7.4.2.2 非刑罚手段的改进

资格刑与非刑罚手段并用是国外通用的做法。可以根据污染与破坏犯罪的特点，设置诸如“限期治理”，训诫、责令具结悔过和责令赔礼道歉等方法，使刑罚手段丰富化。

7.4.3 刑罚适用原则的改进

7.4.3.1 扩张危险犯的相关规定

虽然在“两高”的司法解释中，已经规定了一些危险行为，但这些规定仍不足以缓解迫切的现实需要。应该进一步扩大危险犯规定的范围，如将走私废物罪也改为危险犯的规定。

7.4.3.2 明确无过错责任

我国目前并未明确规定无过错责任。鉴于环境问题的严重性，我国应借鉴吸收域外国家的先进经验，在刑法总则部分对此作明确规定。同时，在实体、程序两个方面对无过错责任原则的适用作出具体规定。

附录 《湖南省资源枯竭型城市可持续发展条例》立法建议稿

目 录

第一章 总则
第二章 资源枯竭型城市认定与可持续发展规划
第三章 资源枯竭型城市产业拓展与扶持
第四章 资源枯竭型城市转型与退出
第五章 城市基础设施建设与社会统筹
第六章 环境治理与生态修复
第七章 经济补偿与激励
第八章 法律责任
第九章 附则

第一章 总 则

第一条 为了规范资源枯竭型城市开发建设与发展转型活动，全面落实科学发展观，促进资源枯竭型城市经济、社会、生态全面协调与可持续发展，依据国家有关法律、行政法规，结合湖南省实际，特制定本条例。

第二条 资源枯竭型城市准入与开发、拓展与扶持、转型与退出，城市基础设施建设与社会统筹、环境治理与生态修复、经济补偿与激励以及涉及资源枯竭型城市可持续发展的其他活动，均适用本条例。

第三条 资源枯竭型城市的发展遵循民生为本、分类引导、优化结构、有序开发、综合治理的原则；实行居民需求导向、政府统筹负责，多元协调互动的整体发展机制；实现资源保障有力、经济活力迸发、生态环境优美、社会和谐进步的发展目标。

第四条 省人民政府应当将资源枯竭型城市的可持续发展纳入全省经济和社会发展规划，负责对全省资源枯竭型城市实行统一领导，组织制订资源枯竭型城市的综合规划和专业规划，调整经济结构，合理进行产业布局，建立并落实资源枯竭型城市可持续发展的目标责任年度考核制度和行政责任追究制度，督促省直有关部门和下级政府依法履行职责。

资源枯竭型城市人民政府应当将资源枯竭型城市的可持续发展纳入当地经济和社会发展规划，根据省人民政府组织制订的资源枯竭型城市综合规划和专业规划，制定本行政区域内资源枯竭型城市可持续发展具体方案，统筹、协调本行政区域内资源枯竭型城市可持续发展事务，对本行政区域内资源枯竭型城市可持续发展工作负责，具体组织落实资源枯竭型城市可持续发展目标责任年度考核制度和行政责任追究制度。

资源枯竭型城市下辖的乡(镇)人民政府、街道办事处,应当协助上级人民政府及相关部门做好资源枯竭型城市可持续发展有关具体工作。

第五条 资源枯竭型城市严格按照“谁开发、谁保护,谁受益、谁补偿,谁污染、谁治理,谁破坏、谁修复”的原则,明确企业是资源补偿、生态环境保护与修复的责任主体。对资源已经或濒临枯竭的原中央所属矿业、森工企业,积极争取国家给予必要的资金和政策支持,帮助解决历史遗留问题,补偿社保、生态、人居环境和基础设施建设等方面欠账。

第六条 省人民政府设立促进资源枯竭型城市可持续发展工作委员会,统筹协调资源枯竭型城市可持续发展中的重大事项。

促进资源枯竭型城市可持续发展工作委员会由省人民政府办公厅、相关厅局、资源枯竭型城市人民政府组成。由省人民政府主要负责人担任促进资源枯竭型城市可持续发展委员会主要负责人,履行以下职责:

(一)组织协调资源枯竭型城市可持续发展综合规划和专业规划的制订与实施;

(二)研究、制订资源枯竭型城市可持续发展年度工作计划和措施;

(三)组织有关部门开展资源枯竭型城市可持续发展的联合执法;

(四)组织协调资源枯竭型城市可持续发展综合评价考核;

(五)协调处理资源枯竭型城市可持续发展中各部门之间、地区之间的重大争议;

(六)需要统筹协调的其他重大事项。

促进资源枯竭型城市可持续发展工作委员会的日常工作由省人民政府办公厅负责。

第七条 资源枯竭型城市人民政府及相关部门应当组织、引导、支持企业事业单位、社会组织、基层群众性自治组织、志愿者等社会力量,参与资源枯竭型城市可持续发展。

资源枯竭型城市可持续发展中的重大决策事项,应当采取听证会、论证会、座谈会、协商会等方式,广泛听取社会公众和专家学者的意见。

第八条 省人民政府、资源枯竭型城市人民政府应当定期向同级人大常委会报告资源枯竭型城市可持续发展工作情况。

第九条 对资源枯竭型城市人民政府及相关部门的可持续发展工作情况进行年度考核,考核情况应当纳入资源枯竭型城市人民政府绩效评估和政府主要负责人考核评价的重要内容,并向社会公布。

第十条 任何单位和个人有权对妨害资源枯竭型城市可持续发展的行为进行检举和控告。

县级以上人民政府应当对在资源枯竭型城市可持续发展工作中做出显著成绩的单位和个人给予表彰奖励。

第二章 资源枯竭型城市认定与可持续发展规划

第十一条 省发改委会同国土厅、财政厅等主管部门认定和调整省级资源枯竭型矿(林)区或城镇,报省人民政府批准后公布。

第十二条 省人民政府在认定和调整省级资源枯竭型矿(林)区或城镇时应当依据产业、就业、财政等对资源的依存度和城市资源性产业的集中性系数标准,并根据类型与规模划分、确定不同发展阶段的资源枯竭型城市。

第十三条 资源枯竭型城市人民政府应当建立资源枯竭型城市转型评估指标体系，对经济转型、环境治理与生态修复、健全社会保障、解决就业问题、消除贫困、棚户区搬迁改造等各项任务的完成情况和转移支付资金的使用情况，定期进行考核，并向社会公布。

第十四条 资源枯竭型城市人民政府应当建立可持续发展的目标责任制，主要指标纳入经济社会发展综合评价体系和政府年度考核体系，作为政府主要领导干部综合考核评价的重要内容，并依据考核评价的结果实行绩效奖惩和行政问责。

第十五条 资源枯竭型城市人民政府编制可持续发展规划，应当符合国家和省级经济和社会发展总体规划、主体功能区规划的要求，并与相关专项规划和区域规划相衔接。

资源枯竭型城市人民政府在编制规划时应当采取听证会、论证会、座谈会、协商会等方式，广泛听取社会公众和专家学者的意见，并在报送审批的材料中附具意见采纳情况及理由。

第十六条 资源枯竭型城市人民政府编制的可持续发展规划，应当先经本级人民代表大会常务委员会审议，通过后，决定交由本级人民政府执行。

可持续发展规划由省人民政府审批，审批前由省发改委报送国家发改委审查衔接。

可持续发展规划经省人民政府批准后，上报国家发改委备案，并向社会公布。

第三章 资源枯竭型城市产业拓展与扶持

第十七条 资源枯竭型城市人民政府应当认真实施好经济转型规划，结合本地优势，科学选择产业转型方向，培育接续替代产业。

第十八条 资源枯竭型城市人民政府应当重点运用高新技术、

先进技术、适用技术改造传统产业。充分挖掘本地资源潜力,积极发展上下游产业,延伸产业链条,最大限度地提高资源产品的附加值。

第十九条 资源枯竭型城市人民政府应当鼓励和支持发展新兴环保产业。实行有利于节能和环境保护的产业政策,限制发展高耗能、高污染行业,发展节能环保型产业。

第二十条 资源枯竭型城市人民政府应当加强节能工作,合理调整产业结构、企业结构、产品结构和能源消费结构,推动企业降低单位产值能耗和单位产品能耗,淘汰落后生产能力,改进能源开发、加工、转换、输送、储存和供应,提高能源利用效率。

第二十一条 省直相关厅局在规划重大产业项目布局时,应当优先考虑资源枯竭型城市,支持资源枯竭型城市产业园区基础设施建设,有计划地安排适当的产业扶持资金,帮助资源枯竭型城市加快培育新的经济增长点。

第二十二条 资源枯竭型城市人民政府应当建立产业衰退预警制度。对产业发展态势进行追踪分析,综合评价产业发展变化的趋势,当产业开始衰退时,及时发出警报,避免产业发展受到严重损害。

第四章 资源枯竭型城市转型与退出

第二十三条 对于资源枯竭的资源开发主体产业,资源枯竭型城市人民政府应当采取措施,扶持资源开发产业转型退出。省人民政府按照规定,给予资源枯竭型城市相应的资金和政策支持,帮助解决转型发展中的问题。

第二十四条 资源枯竭型城市人民政府应当进行资源综合评价,开发利用各种共伴生资源,挖掘本地资源潜力,拓宽资源开发领域,为本地资源型企业寻找后备基地。

资源枯竭型城市人民政府应当重点支持精细加工、先进制造、节能环保和现代农业等领域的高新技术攻关项目,以及利用高新技术改造传统产业项目,形成和培育接续替代产业。

第二十五条 资源枯竭型城市人民政府应当制定优惠政策,吸引各种生产要素参与接续替代产业发展,建设接续替代产业园区,积极承接国内外产业转移,鼓励中小企业发展,促进非资源性产业集群发展。

第二十六条 国家重大产业项目应向资源枯竭型城市倾斜。省直相关厅局在发展规划、产业布局、项目审批、资金安排等方面对资源枯竭型城市给予重点支持。资源枯竭型城市人民政府及相关部门应当做好项目包装、策划,提高项目服务水平,从土地征用、环境容量、项目报批、资源配置、企业融资等方面创造良好的项目建设环境。

第二十七条 资源枯竭型城市人民政府应当调整服务业结构、拓展服务业功能、优化服务业空间格局,发展生产性和生活性服务业,发挥服务业载体典型示范作用。发展旅游业、现代物流产业、金融证券、保险理财、信息咨询、中介服务等现代服务业体系,逐步形成以服务经济为主的产业结构。

第二十八条 资源枯竭型城市人民政府建立衰退产业退出援助机制,从土地、贷款、财政、人员制度等方面支持衰退产业平稳退出。

资源枯竭型城市人民政府应当施行有针对性的扶持政策,解决资源枯竭矿山(森工)企业破产引发的经济衰退、职工失业等突出矛盾。合理运用退出企业的剩余资金与尾矿资源进行改制重组,安置职工就业。

第二十九条 资源枯竭型城市人民政府通过国家、省人民政府的扶持和转型发展后，主导资源型产业、财政收入依存度等不再符合资源枯竭型城市标准，且采掘业及原材料加工业比率、经济增长率、财政收入增长率、失业率、最低生活保障人数比率、环境治理率等符合一定条件和标准的，应当退出。

资源枯竭型城市的退出标准、办法和程序，由省发改委报国家发改委审批后制定。

第三十条 资源枯竭型城市退出后，原有的扶持项目尚未完成的，应当继续开展，确保项目按原定计划完成；原有的特殊社会保障扶持优惠政策，应当纳入城市社会保障体系延续实施；资源枯竭型城市提取的可持续发展准备金，由资源枯竭型城市政府按照规定的程序和办法，继续用于城市的可持续发展。

第五章 城市基础设施建设与社会统筹

第三十一条 资源枯竭型城市人民政府应当努力破除城市内部二元结构，积极扩大就业，提升社会保障水平，完善基本公共服务，改善生产生活环境，促进社会和谐稳定，使资源开发和经济发展成果惠及人民群众。

第三十二条 资源枯竭型城市人民政府应当把扩大就业放在资源型枯竭型城市经济社会发展的优先位置。

第三十三条 资源枯竭型城市人民政府应当发挥政府投资和重大项目建设对就业的带动作用，鼓励扶持劳动密集型产业、服务业和小微企业发展，大力发展家庭服务业，多渠道、多方式增加就业岗位。

第三十四条 资源枯竭型城市人民政府应当加大对职业教育和技工教育的支持力度，实施“一户一产业工人”培养工程。全面落实职业培训、社会保险补贴、小额担保贷款等一系列就业扶持政策。

第三十五条　资源枯竭型城市人民政府应当进一步完善基本养老、基本医疗、失业、工伤、生育等社会保险制度，积极推进各类困难群体参加社会保险，扩大社会保险覆盖面。

省人民政府及相关厅局在规划建设保障项目和资金安排上，应当向资源枯竭型城市予以倾斜。

第三十六条　资源枯竭型城市人民政府应当提高矿区医疗机构医疗服务水平和应急救治能力，并加大对尘肺病、慢性胃炎、皮肤病等矿业工人职业病和常见病的预防和救治力度。

第三十七条　资源枯竭型城市人民政府应当大力推进城市和国有工矿（煤矿）棚户区以及林区棚户区改造，加大政府投入，落实税收、土地供给和金融等方面的配套支持政策，力争到2020年基本完成资源枯竭型城市成片棚户区改造任务。上报年度棚户区改造计划时，优先安排传统老工业工矿区的棚户区改造项目。

第三十八条　资源枯竭型城市人民政府应科学规划城市的区域功能定位和产业布局，增强城市辐射带动能力，健全生产、生活、居住和休闲功能区。

对于矿区与城市中心区有一定距离的资源枯竭型城市，对几个采矿点集中布置城市组团，使矿区形成城市格局，城市组团市政基础设施与城市中心区同步建设。

对于矿区距市中心偏远的资源枯竭型城市，建立长距离通勤开发模式，将矿区建设与城区建设分离，带动市区商业和服务业发展，形成城市中心。

第六章　环境治理与生态修复

第三十九条　资源枯竭型城市人民政府应当把生态文明建设放在突出地位，坚持保护优先，着力推进绿色发展、循环发展、低碳发展，切实解决生态环境问题。

第四十条 资源枯竭型城市人民政府应当继续做好采煤沉陷区治理，抓紧治理废弃的露天矿坑、矸石山等重大地质灾害隐患，有效预防矸石山自燃和坍塌等事件发生。

第四十一条 省人民政府建立、健全资源枯竭型城市生态补偿制度。加大对资源枯竭型城市的财政转移支付力度。资源枯竭型城市人民政府应当确保生态保护补偿资金用于生态保护。

省人民政府指导受益地区，通过协商或者按照市场规则对资源枯竭型城市进行生态补偿。

第四十二条 推行矿山地质环境治理备用金制度。

备用金归缴存的采矿权人所有，专户储存，专项用于该采矿权人采矿造成的地质环境破坏的治理，不得挪作他用。

备用金的收取、使用和管理办法由省人民政府另行制定。

第四十三条 推行矿产资源补偿费制度。

矿产资源补偿费按照矿产品销售收入的一定比例计征，由采矿权人缴纳，实行专项管理，主要用于矿产资源勘查。

矿产资源补偿费的收取、使用和管理办法由省人民政府另行制定。

第四十四条 因挖损、塌陷、压占等造成土地破坏，用地单位和个人应当按照国家有关规定负责复垦；没有条件复垦或者复垦不符合要求的，应当缴纳土地复垦费，专项用于土地复垦。复垦的土地应当优先用于农业。

第四十五条 资源枯竭型城市人民政府应当大力推进废弃土地复垦和生态恢复，积极引导社会力量参与矿山环境治理，并对在土地复垦和生态恢复工作中做出显著成绩的单位和个人给予奖励。

第四十六条 省人民政府对本省新建、改建、扩建资源开发项目，应当编制环境影响报告书，对产生的环境影响进行全面评价。

第四十七条　建设项目的环境影响评价文件，确定需要配套建设的污染环境防治设施，必须与主体工程同时设计、同时施工、同时投入使用。污染环境防治设施必须经原审批环境影响评价文件的环境保护行政主管部门验收合格后，该建设项目方可投入生产或者使用。对污染环境防治设施的验收应当与对主体工程的验收同时进行。

第四十八条　省人民政府对浪费资源和严重污染环境的落后生产技术、工艺、设备、产品和企业实行限期淘汰制度。省人民政府相关部门按照职责分工，制定并发布限期淘汰的生产技术、工艺、设备以及产品的名录。

第七章　经济补偿与激励

第四十九条　推行资源枯竭型城市可持续发展准备金制度。

可持续发展准备金主要向资源型企业收取，用于环境恢复与生态补偿、发展接续替代产业、解决企业历史遗留问题和企业关闭后的善后工作等。

第五十条　省人民政府应当加大金融支持力度。可以在信贷规模、金融优惠政策、金融组织体系等方面进行支持。

第五十一条　省人民政府应当加大对资源枯竭型城市人民政府的一般性转移性支付力度。

资源枯竭型城市人民政府应当积极争取中央、省资源枯竭型城市转移支付资金，省财政厅应当安排一定补助资金予以配套支持。

第八章　法 律 责 任

第五十二条　全省各级人民政府及相关部门在资源枯竭型城市

开发建设过程中违反相应责任和义务的,依法承担相应法律责任。

第五十三条 相关企业、社会组织和公民违反本条例具体规定的,依法承担相应法律责任。

第九章 附 则

第五十四条 本条例由省人民政府负责解释。

第五十五条 本条例自 年 月 日起施行。

参考文献

一、英文著作

[1] *The Fur Trade in Canada: an Introduction to Canadian Ecnomic History*, New Haven: Yale University Press, 1930.

[2] Innis H. A., *Problems of staple production in Canada*, Ryerson Press, 1933.

[3] Robinson I. M., *New industrial towns on Canada's resource frontier*, The Dept, 1962.

[4] FDL Conway, *L. Ketchum Towns in Transition: Managing Change in Natural Resource-dependent Communities*, Oregon State University, 1996.

[5] Slater R. and Twyman. C., *Hidden Livelihoods? Natural Resource-Dependent Livelihoods and Urban Development Policy*, Overseas Development Institute, 2003.

[6] Klein J. A. et al., *Coordinating environmental protection and climate change adaptation policy in resource-dependent communities: a case study from the Tibetan Plateau*, Climate change adaptation in developed nations., Springer Netherlands, 2011.

二、英文论文

[1] Randall J. E. and Ironside R. G., "Communities on the Edge: AnEconomic Geography of Resource-dependent Communities in Canada", *The Canadian Geographer* 40(1), 1996.

[2] Bradbury J. H. and St Martin I., "Winding Down in a QubicTown: A Case Study of Schefferville", *The Canadian Geogra-pher* 27(2), 1983.

[3] Randall J. E. and Ironside R. G., "Communities on the Edge: AnEconomic Geography of Resource-dependent Communities in Canada", *The Canadian Geographer* 40(1), 1996.

[4] Lucas R. Minetown et al., "Life in Canadian communities of single enterprise", *Toronto*, University of TorontoPress. 1971.

[5] Siemens L. B., "Single Enterprise Communities on Canada's Resource Frontier", *New Communities in Canada*, Exploring Planned Environments, 1976.

[6] Peluso N. L., Humphrey C. R., Fortmann L. P., "The rock, the beach, and the tidal pool: People and poverty in natural resource-dependent areas", *Society & Natural Resources* 7(1), 1994.

[7] Humphrey C. R. et al., "Theories in the study of natural resource-dependent communities and persistent rural poverty in the United States", *Persistent poverty in rural America*, 1993.

[8] Cramer L. A. et al., "Changing Forest Service Values and

Their Implications for Land Management Decisions Affecting Resource-Dependent Communities1",*Rural Sociology* 58(3),1993.

[9] Kelly E. C. and Bliss J. C., "Healthy forests, healthy communities: an emerging paradigm for natural resource-dependent communities?",*Society and Natural Resources* 22(6),2009.

[10] Thomas D. S. G. and Twyman C., "Adaptation and equity in resource dependent societies",*Fairness in adaptation to climate change*, 2006.

[11] López R., " Sustainable economic development: on the coexistence of resource-dependent and resource-impacting industries", *Environment and Development Economics* 15(6),2010.

[12] Thomas D. S. G. and Twyman C., "Equity and justice in climate change adaptation amongst atural-resource-dependent societies", *Global Environmental Change* 15(2),2005.

[13] Rickson R. E. et al., "Community, environment, and development: social impact assessment in resource-dependent communities",*Impact Assessment* 13(4),1995.

[14] Putz A. et al., "Sustainability in natural resource-dependent regions that experienced boom-bust-recovery cycles: lessons learned from a review of the literature", *Center for Community Vitality Working Paper*,2011.

[15] Pearce T. et al., "Climate change adaptation planning in remote, resource-dependent communities: an Arctic example", *Regional Environmental Change* 12(4),2012.

[16] West J. and Hovelsrud G. K., "Climate change in Northern Norway: toward an understanding of socio-economic vulnerability of

natural resource-dependent sectors and communities", *CICERO report*, 2008.

[17] Ford J. and Goldhar C., "Climate change vulnerability and adaptation in resource dependent communities: a case study from West Greenland", *Climate Research* 54(2), 2012.

[18] Esanov A., "Diversification in Resource-Dependent Countries: Its Dynamics and Policy Issues", *Resource Governance*, 2012.

[19] Krannich R. S. and Zollinger B., "Pursuing rural community development in resource-dependent areas: obstacles and opportunities", *Research in Community Sociology* 7, 1997.

[20] Conway A. R. A. and Engle R. W., "Working memory and retrieval: a resource-dependent inhibition model", Journal of Experimental Psychology: General 123(4), 1994.

[21] Gale R. P., "Forest resource-dependent communities and the new forestry: How wide the welcome mat in the Pacific Northwest?", *NORTHWEST ENVIRONJ* 7(1), 1991.

[22] Machlis G. E. et al., "Timber, Minerals, and Social Change: An Exploratory Test of Two Resource-Dependent Communities1", *Rural Sociology* 55(3), 1990.

[23] Robson J. P. and Nayak P. K., "Rural out-migration and resource-dependent communities in Mexico and India", *Population and Environment* 32(2-3), 2010.

[24] Sutherland E. G. et al., "Fertility and the environment in a natural resource dependent economy: Evidence from Petén, Guatemala", *California Center for Population Research*, 2005.

三、中文著作

[1]张卓元:《政治经济学大辞典》,经济科学出版社 1998 年版。

[2]莫衡:《当代汉语词典》,上海辞书出版社2001年版。

[3]陈慧女:《中国资源枯竭型城市的产业转型》,中国社会科学出版社2012年版。

[4]廖盖隆:《马克思主义百科要览》,人民日报出版社1993年版。

[5]王恒礼、毕孔彰:《地学哲学与构建和谐社会》,中国大地出版社2006年版。

[6]于言良:《资源型城市经济转型研究——以阜新经济转型试点市为例演绎"一转三重"转型理论》,辽宁工程技术大学出版社2006年版。

[7]于立:《资源枯竭型城市产业转型问题研究》,中国社会科学出版社2008年版。

[8]张文显:《法理学》(第3版),法律出版社2011年版。

[9]马德庆:《美国煤炭工业政策》,煤炭工业出版社1997年版。

[10]欧阳日辉:《资源枯竭型城市转型知识读本》,中国文史出版社2012年版。

[11]陶哲:《日本经济日本企业是如何运作的》,人民日报出版社1996年版。

[12]姜昕:《产业政策法》,中国社会科学出版社2008年版。

[13]秦鹏、李奇伟:《污染场地风险规制与治理转型》,法律出版社2015年版。

[14]李慧玲:《环境税费法律制度研究》,中国法制出版社2007年版。

[15]郭树言:《推动中国产业结构战略性调整与优化升级探索》,经济管理出版社2008年版。

[16]王青云:《资源型城市经济转型研究》,中国经济出版社

2003 年版。

［17］丁同民、李宏伟、王运慧：《法治区域构建论——中原经济区法治建设研究》，黑龙江人民出版社 2011 年版。

［18］江彩霞、朱名宏、郭艳华：《探索与创新：转变经济发展方式的实现路径》，中国经济出版社 2013 年版。

四、中文论文

［1］焦华富、陆林：《西方资源型城镇研究的进展》，载《自然资源学报》2000 年第 3 期。

［2］张秀生、陈先勇：《论中国资源型城市产业发展的现状、困境与对策》，载《经济评论》2001 年第 6 期。

［3］董锁成、李泽红、李斌等：《中国资源型城市经济转型问题与战略探索》，载《中国人口 · 资源与环境》2007 年第 5 期。

［4］焦华富、路建涛、韩世君：《德国鲁尔区工矿城市经济结构的转变》，载《经济地理》1997 年第 2 期。

［5］赵景海：《我国资源型城市发展研究进展综述》，载《城市发展研究》2006 年第 3 期。

［6］王树义、郭少青：《资源枯竭型城市可持续发展对策研究》，载《中国软科学》2012 年第 1 期。

［7］曹一萍：《国外资源型城市转型对于我国资源型城市转型的启示》，载《河北经贸大学学报》2009 年第 5 期。

［8］柳泽、周文生、姚涵：《国外资源型城市发展与转型研究综述》，载《中国人口 · 资源与环境》2011 年第 11 期。

［9］钱勇：《国外资源型城市产业转型的实践、理论与启示》，载《财经问题研究》2005 年第 12 期。

［10］郑重、于光：《转型期资源型城市再生及其规制与治理研究——国内外资源型城市转型实践课题与途径》，载《中国国土资源

经济》2006 年第 1 期。

[11]张志军:《国外资源型城市经济转型成功经验及对我国的启示》,载《能源技术经济》2011 年第 3 期。

[12]段红梅:《国外资源型城市经济转型中的政府作用及其启示》,载《资源与产业》2009 年第 5 期。

[13]李猛、张米尔:《资源型城市产业转型的国际比较》,载《大连理工大学学报》(社会科学版) 2006 年第 1 期。

[14]张冬冬:《国外资源型城市产业转型及其对我国的启示》,载《资源与产业》2009 年第 3 期。

[15]陈学章:《国外资源型城市转型的经验与启示》,载《湖北师范学院学报》(哲学社会科学版) 2007 年第 3 期。

[16]侯明、张友祥:《资源型城市可持续发展研究综述》,载《当代经济研究》2012 年第 8 期。

[17]韩凤芹、李成威、梁良从:《资源型城市转型的国际经验及借鉴》,载《经济研究参考》2009 年第 71 期。

[18]李平:《从国外模式看我国资源型城市产业转型问题》,载《山东科技大学学报》(社会科学版)2007 年第 2 期。

[19]钱凯:《资源型城市可持续发展的研究综述》,载《经济研究参考》2009 年第 24 期。

[20]孙秋枫、唐庆会:《欧洲资源型城市发展中的政府作用及启示》,载《经济纵横》2007 年第 21 期。

[21]郑秋生:《德国鲁尔区煤炭基地的成功改造对山西煤炭资源型城市可持续发展的借鉴意义》,载《生产力研究》2005 年第 4 期。

[22]李辉、刘春艳:《日本与欧盟资源型城市转型中的就业对策比较》,载《现代日本经济》2006 年第 2 期。

[23]石秀华:《国外资源型城市成功转型的案例分析与比较》,

载《科技创业月刊》2007 年第 12 期。

[24]彭华岗、侯洁:《德国资源型城市和企业转型的经验及启示》,载《中国经贸导刊》2002 年第 19 期。

[25]孔微巍、闫倩:《法国资源型城市转型中的金融支持模式及借鉴》,载《商业研究》2010 年第 12 期。

[26]刘通、韩丽亚:《日本夕张市政府破产对中国资源型城市经济转型的启示》,载《宏观经济研究》2007 年第 1 期。

[27]杨显明、焦华富、许吉黎:《不同发展阶段煤炭资源型城市空间结构演化的对比研究——以淮南、淮北为例》,载《自然资源学报》2015 年第 1 期。

[28]金悦、陆兆华、檀菲菲等:《典型资源型城市生态承载力评价——以唐山市为例》,载《生态学报》2015 年第 14 期。

[29]何丹、金凤君、周璟:《资源型城市建设用地适宜性评价研究——以济宁市大运河生态经济区为例》,载《地理研究》2011 年第 4 期。

[30]陈婉玲:《衰退产业财政援助政策的法律保障》,载《法学》2010 年第 11 期。

[31]陈婉玲:《资源型城市可持续发展立法之应然论证》,载《华东政法大学学报》2011 年第 6 期。

[32]杜辉:《资源型城市可持续发展保障的策略转换与制度构造》,载《中国人口·资源与环境》2013 年第 2 期。

[33]王青云:《德国鲁尔区是怎样推进经济转型的》,载《中国城市经济》2007 年第 6 期。

[34]吴宇:《资源枯竭型城市可持续发展转型环境法律问题研究》,载《生态经济》2010 年第 1 期。

[35]刘桂清:《产业政策失效法律治理的优先路径——"产业政

策内容法律化”路径的反思》，载《法商研究》2015 年第 2 期。

[36]王凤涛：《破解“矿竭城衰”难题的法律经济学方案》，载《法学评论》2011 年。

[37]李奇伟、李爱年：《论利益衡平视域下生态补偿规则的法律形塑》，载《大连理工大学学报》(社会科学版)2014 年第 2 期。

[38]张秀生、陈先勇：《论中国资源型城市产业发展的现状、困境与对策》，载《经济评论》2001 年第 6 期。

[39]张米尔、武春友：《资源型城市产业转型障碍与对策研究》，载《经济理论与经济管理》2007 年第 2 期。

[40]郑伯红：《资源型城市的可持续发展优化及案例研究》，载《云南地理环境研究》1999 年第 1 期。

[41]吴诗荣：《我国资源枯竭型城市产业结构特征的初步分析》，载《财经政法资讯》2006 年第 5 期。

[42]海热提·涂尔逊、王华东、王立红等：《城市可持续发展的综合评价》，载《中国人口·资源与环境》1997 年第 2 期。

[43]钱勇：《国外资源型城市产业转型的实践、理论与启示》，载《财经问题研究》2005 年第 12 期。

[44]肖鹏程：《日本北九州生态城发展循环经济的经验及启示》，载《西南科技大学学报》(哲学社会科学版)2010 年第 1 期。

[45]张复明：《资源型区域面临的发展难题及其破解思路》，载《中国软科学》2012 年第 6 期。

[46]王先林：《产业政策法初论》，载《中国法学》2003 年第 3 期。

[47]徐文东、华国庆：《中国区域协调发展立法体系研究》，载《大连大学学报》2009 年第 5 期。

五、学位论文

[1]万会：《我国资源枯竭型矿业城市可持续发展评价及经济转

型研究——以甘肃省白银市为例》,中国地质大学(北京)地理信息工程系2006年博士学位论文。

[2]方旅:《资源型城市转型的中美比较研究》,华东师范大学商学院2012年硕士学位论文。

[3]冯华:《怎样实现可持续发展——中国可持续发展思想和实现机制研究》,复旦大学系2004年博士学位论文。

[4]陈涛:《德国鲁尔工业区衰退与转型研究》,吉林大学东北亚研究院2009年博士学位论文。

[5]杜辉:《环境治理的制度逻辑与模式转变》,重庆大学法学院2012年博士学位论文。

[6]陈新生:《资源枯竭型城市的多维生态型研究》,南京林业大学风景园林学院2013年博士学位论文。

[7]孙淼:《资源枯竭型城市可持续发展调控研究》,东北师范大学经济学院2005年博士学位论文。

[8]韩冰:《资源枯竭型城市促进就业中的政府责任与对策研究》,吉林大学行政学院2012年博士学位论文。

[9]李立:《中国资源枯竭型地区经济转型政策研究》,中国地质大学经济管理学院2010年博士学位论文。

[10]武健鹏:《资源型地区产业转型路径创新研究:基于政府作用的视角》,山西财经大学公关院2010年博士学位论文。

致　谢

最初,博士论文选题时,我马上想到了我的家乡湖南省娄底市冷水江市。该市有矿产地185处,其中煤炭108处,矿种30个。20多年的成长岁月,我亲眼见证了金竹山煤矿、440火电厂、资江氮肥厂、冷江钢铁厂等企业对环境的污染破坏,青山陷成了矿坑,绿水染成了污流;湛蓝的天空不见了,空气中弥漫着刺鼻的氨气和霾尘;乡亲们爽朗的笑容消失了,进医院的癌症患者越来越多了。每回一次家乡,我都会问自己,这还是我魂牵梦萦的故乡吗?为什么会变成这样?怎样才能够转型发展、恢复绿水青山?

这篇题为《资源枯竭型城市可持续发展法治研究》的学位论文的选题,最终是在谢勇教授的鼓励下选定,通过法学研究,希望能为家乡的可持续发展贡献一点绵薄之力。谢老师倡导实证研究,强调经世致用,法学理论研究的内容要能够解决现实中存在的问题，为社会经济发展服务，这些思想都使我获益匪浅，指导我的工作和学习。

在攻读博士学位的数年中，是我人生履历中最丰富的时段，我要感谢我的妻子张小丽、儿子唐瑞浩，我的母亲尹霞、岳母肖业余、父亲唐泽武、岳父张佑凤，他们对我的责任缺位，回报的是高山一般的理解、大海一般的包容，我很幸福，也很惭愧！

需要诚挚感谢的人太多，感谢我的博士生导师谢勇教授、师母叶芳老师，感谢廖永安、陈乃新、吴勇、王霞、张全民、蒋新苗、肖北庚、李爱年、黄捷、王新生、田兴洪教授，李奇伟、肖峰、陈一诚、刘力、朱甚璋老师，陈刚、吴建华、甘正气、张果、张曦、穆远征、李江发同学，王锐、卞燕飞、刘晋师弟，周伟、陈忠华、刘沧海、林小红、周建球主任提供的无私帮助、热情关爱。

博士期间的研究学习绝非轻松和容易，“勤能补拙”使我一步一个脚印终于走过来了，增长了学识，完善了品行。但攻读博士只是我人生的一个重要阶段，迈过去后，还有更长的路要远行。我仍旧是一名学生，老老实实做人、踏踏实实做事，在各位老师和学友的帮助下，继续攻读人生的大课堂。

唐启迪

二○一六年五月于长沙

图书在版编目(CIP)数据

资源枯竭型城市可持续发展法治研究 / 唐启迪著. -- 北京 : 法律出版社, 2019
ISBN 978 - 7 - 5197 - 3235 - 6

Ⅰ. ①资… Ⅱ. ①唐… Ⅲ. ①城市经济－经济可持续发展－研究－中国②城市－社会主义法制－研究－中国 Ⅳ. ①F299.2②D920.0

中国版本图书馆 CIP 数据核字(2019)第 041365 号

资源枯竭型城市可持续发展法治研究
ZIYUAN KUJIEXING CHENGSHI KECHIXU FAZHAN FAZHI YANJIU

唐启迪 著

策划编辑 解 锟
责任编辑 解 锟
装帧设计 李 瞻

出版 法律出版社
总发行 中国法律图书有限公司
经销 新华书店
印刷 北京虎彩文化传播有限公司
责任校对 马 丽
责任印制 张建伟

编辑统筹 独立项目策划部
开本 A5
印张 6.75
字数 167 千
版本 2019 年 5 月第 1 版
印次 2019 年 5 月第 1 次印刷

法律出版社/北京市丰台区莲花池西里 7 号(100073)
网址/www. lawpress. com. cn
投稿邮箱/info@ lawpress. com. cn
举报维权邮箱/jbwq@ lawpress. com. cn
销售热线/010 - 83938336
咨询电话/010 - 63939796

中国法律图书有限公司/北京市丰台区莲花池西里 7 号(100073)
全国各地中法图分、子公司销售电话:
统一销售客服/400 - 660 - 6393
第一法律书店/010 - 83938334/8335 西安分公司/029 - 85330678 重庆分公司/023 - 67453036
上海分公司/021 - 62071639/1636 深圳分公司/0755 - 83072995

书号:ISBN 978 - 7 - 5197 - 3235 - 6 **定价**:49.00 元
(如有缺页或倒装,中国法律图书有限公司负责退换)